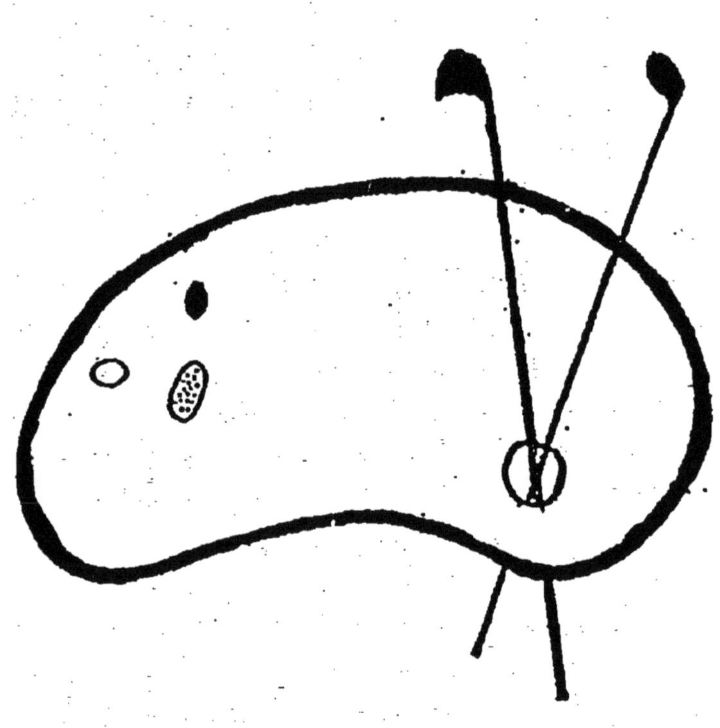

DEBUT D'UNE SERIE DE DOCUMENTS
EN COULEUR

36

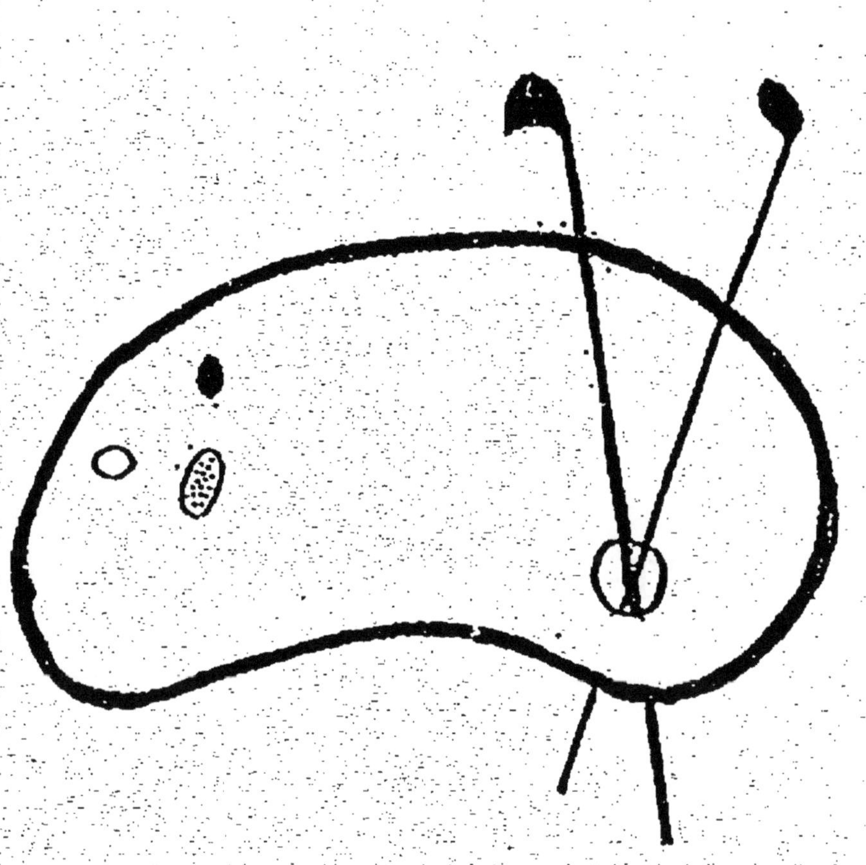

FIN D'UNE SERIE DE DOCUMENTS
EN COULEUR

DOIT-ON SE MARIER ?

* * *

DOIT-ON SE MARIER ?

PARIS
A LA LIBRAIRIE ILLUSTREE
7, Rue du Croissant, 7

AVANT-PROPOS

La question du mariage, qui n'est qu'une forme de la question de la famille, a toujours eu une importance vitale dans la société. A son propos, s'élèvent aujourd'hui des discussions qui passionnent les esprits et battent en brèche, dans les consciences les plus calmes et les plus attachées aux vieilles mœurs, la croyance à des institutions et à des coutumes qui ont paru être jusqu'ici les murs de soutènement de notre civilisation.

Les attaques ardentes de certains théoriciens contre le mariage, la répulsion qu'il inspire à des hommes dont la valeur intellectuelle ne saurait être contestée, les réformes que lui font subir les poli-

ticiens pratiques qui guident ou accompagnent l'opinion, tout appelle sur cette question l'attention de ceux qui sont déjà mariés, comme de ceux qui sont destinés à l'être bientôt. J'ai nommé tout le monde ; car les célibataires invétérés, quels que soient les intérêts qui les éloignent du mariage, ne sont qu'une petite minorité.

C'est donc à tout le monde que je dédie ce livre.

On n'y trouvera ni doctrines nouvelles, ni critiques acerbes, ni plans de rénovation sociale. Il est à croire que ce qui fait depuis si longtemps la vie de l'humanité, en en assurant la perpétuité régulière, a quelques bons côtés et répond en somme aux besoins de notre nature. C'est pourquoi, sans être en rien l'ennemi des améliorations, des changements justifiés et du progrès, je prends les choses comme elles sont, et m'efforce d'en tirer un enseignement profitable à tous.

Mon éditeur m'a évité bien du travail, et je dois l'en remercier ici. Il a eu la chance — la bonne fortune, pour moi — de trouver un livre écrit par un anonyme anglais (1) dans l'esprit même de ce que je désirais faire. J'y ai puisé librement, changeant l'ordre des matières, élaguant, ajoutant, mêlant se

(1) *How to be Happy though Married, being a Handbook to Marriage*; by a Graduate in the University of Matrimony. — London ; T. Fisher Urvin, 1885 ; 1 vol. in-8°.

réflexions et ses anecdotes à celles que me suggéraient mes notes et mes propres méditations, sans jamais oublier que, Français, je parle à des Français.

Si je suis entendu, ce n'est pas tout ce que j'ai à dire. L'éducation des enfants à ses différents degrés, le choix d'une carrière, les ressources que la société offre à la femme, les professions libérales, le fonctionnarisme, le champ que les arts, l'industrie, le commerce international ouvrent à l'activité et à l'énergie des individus, voilà des sujets que j'aimerais à traiter familièrement, sans autre prétention que de faire parler le bon sens dans un langage qui n'endorme pas.

***

DOIT-ON SE MARIER?

CHAPITRE PREMIER

LE BONHEUR MIS A LA PORTÉE DES GENS MARIÉS

« Le mariage est une science », a dit Balzac.

Il s'y connaissait mieux que ce vieux garçon, qui appelait le mariage un plaisir innocent.

Avec une telle idée préconçue, celui-ci a bien fait de n'en pas tâter. Il aurait appris à ses dépens que la félicité domestique ne s'acquiert, comme tout ce qui a du prix, que par des soins et des sacrifices. Il y faut, avant tout, une énergie douce et patiente, un grand empire sur soi-même, une affectueuse tolérance pour les goûts particuliers, et même pour les défauts, de celui ou de celle avec qui l'on a désormais à partager la vie.

Dans les états constitutionnels, le gouvernement s'exerce par une suite de compromis. Il en est de même dans le mariage. Indulgence et patience, telle est la grande maxime que l'on ne saurait méconnaitre sans que l'amour le plus ardent se refroidisse bientôt.

A plus forte raison est-il nécessaire de l'observer quand il n'y a pas amour ardent. Or, ne se marie-t-on pas souvent sans que l'amour ait eu le temps ou l'occasion de naitre ? Le hasard, ou quelque dessein prémédité, met en présence une jeune fille et un jeune homme. Ils se jettent quelques regards à la dérobée, échangent des politesses qui, le plus souvent sont des gaucheries, et, rentrés chez eux, rêvent l'un de l'autre. Depuis qu'ils se sont vus, la solitude leur pèse ; ils se trouvent mal à l'aise et inquiets. On les surprendrait fort en leur disant qu'ils l'étaient bien davantage dans ce salon où ils se sont rencontrés. Ils ne sentent qu'une chose : c'est qu'ils ne sont plus ensemble et qu'ils sont malheureux. Ils en concluent que, réunis, ils seront heureux nécessairement.

Cette nécessité n'existe pas.

Dans toutes les conditions de la vie, on est presque toujours l'artisan de son propre sort, et on a le bonheur qu'on mérite.

C'est à quoi ne songent guère la plupart des jeunes gens qui s'épousent les yeux fermés, sans savoir au juste s'ils s'aiment, parce que les convenances y sont, et que l'amour et le bonheur viennent toujours par surcroît.

Il n'en va pas si simplement. De loin on voit un chemin semé de roses ; quand on y marche, on sent les épines. Le mont Olympe, dit la Fable, dressait sa cime dans un ciel toujours clair et sans nuages. Ce n'est pas cette montagne qu'ont à gravir les époux.

Bien attaquer, c'est avoir bataille à demi gagnée. Le mariage, aussi, est un engagement où les débuts décident du reste ; mais à condition que des vices de caractère ou des maladresses de conduite ne viennent pas détruire les promesses du commencement. Une gelée tardive suffit pour faire périr toute une récolte de fruits. Infiniment plus délicates sont les joies domestiques, cette douce floraison de l'amour honnête.

Ils sont rares, assurément, ceux qui puisent dans le maraige tout le bonheur que le mariage contient. Les uns s'attendent à être heureux sans prendre aucune peine ; les autres sont si préoccupés d'eux-mêmes et de leurs affaires, qu'ils n'ont ni le temps ni le pouvoir de jouir de la félicité du foyer. Aussi, arrive-t-il que le mari et la femme ne commencent à s'apprécier qu'au moment où leur vie va prendre fin.

Rien ne fait luire la joie sur le visage comme le pouvoir de rendre un autre heureux. Rien n'allège le cœur comme de partager le fardeau de quelqu'un qu'on aime. Veiller d'un soin ardent et désintéressé au développement d'une autre vie, voilà le plus sûr moyen d'assurer à la nôtre allégresse et vigueur. Qui ne donne rien, ne reçoit rien ; qui ne sème pas, ne récolte pas ; qui ne porte pas la charge des autres, est écrasé sous la sienne. S'il y a tant d'époux misérables, c'est qu'ils ne veulent pas reconnaître la grande loi de sacrifice qui régit la nature entière, et qu'ils cherchent leur satisfaction à recevoir plutôt qu'à donner. Ils comptent qu'ils ont droit à telle somme de services, d'attention et de tendresse de la part de qui les aime, au lieu de se demander quelle somme de services, d'attentions et de tendresse ils doivent eux-mêmes offrir.

On peut définir le mariage : la vie harmonieuse à deux. Savoir se ménager une telle vie est une science qui vaut, plus que toute autre, la peine d'être acquise. « Aimer, — c'est bien, a dit Gustave Droz. Savoir aimer, — c'est tout. »

La moindre chose suffit pour rompre l'harmonie, et nous avons tant de défauts irritants ! Manie de relever des vétilles ; penchant aux remarques agaçantes ; habitude, si facilement prise, de se montrer ennuyé et d'être assommant. — Mais ces défauts sont des bagatelles, direz-vous. — Sans doute ; seulement, ils ont pour résultat d'empoisonner l'existence de deux êtres humains, et cela n'est pas une bagatelle.

Balzac, exprimait la même idée lorsqu'il écrivait dans sa *Physiologie du Mariage :* « Le bonheur du mariage résulte d'une parfaite entente des âmes entre les époux. Il suit de là, que pour être heureux, un homme est obligé de s'astreindre à certaines règles d'honneur et de délicatesse... S'il met son bonheur à être aimé, il faut qu'il aime sincèrement : rien ne résiste à une passion véritable. »

Il y revient à plusieurs reprises avec insistance. « De toutes les connaissances humaines, dit-il, celle du mariage et la moins avancée. » Et ailleurs : « Arlequin, essayant de savoir si son cheval peut s'accoutumer à ne pas manger, n'est pas plus ridicule que les hommes qui veulent trouver le bonheur en ménage et ne pas le cultiver avec tous les soins qu'il réclame. Les fautes des femmes sont autant d'actes d'accusation contre l'égoïsme, l'insouciance et la nullité des maris. »

Tout couple qui entre en ménage réalise devant

nos yeux ce qu'on nous raconte du paradis. Ils sont là, deux, et seuls. L'amour est comme un mur qui les sépare du monde extérieur. Il n'y a point de serpent encore, et il ne viendra pas tant qu'Adam et Ève ne feront rien pour l'attirer. Mais, trop souvent, cette enceinte qu'a élevée l'amour, est entamée,— oh! rien qu'un peu,— par de petits manques de courtoisie, de légères inattentions, des paroles un peu vives, qui, pierre à pierre, démolissent la muraille, jusqu'à ce qu'il n'en reste plus rien, et que le sanctuaire soit ouvert à mille monstres qui accourent y prendre leurs hideux ébats.

Que le mari et la femme brûlent donc, dans le premier feu de leur amour, toutes les façons d'être, de dire et de penser qui peuvent, de près ou de loin, altérer la douceur de l'intimité conjugale. Car ils sont l'un pour l'autre le monde entier, comme le proclament ces vers, dont l'auteur est trop peu connu pour qu'il soit utile de le nommer:

S'aimer! Sentir un cœur battre contre le nôtre;
A deux ne faire qu'un; se compléter l'un l'autre;
Pour ses lèvres avoir des lèvres à baiser,
Et pour son front des bras tendres où reposer;
S'aimer! Faire s'ouvrir dans la stérile terre
La fleur au parfum pur que nul souffle n'altère;
Se bénir dans ce monde où tant semblent maudits,

Et se créer à deux le seul vrai paradis,
C'est un bonheur bien cher, une fortune rare;
Et tout ce que le sort de douleurs nous prépare
Se pourra supporter et braver aisément,
Quand on offre à ses coups un double cœur aimant.

Un Anglais, Sydney Smith, a comparé les époux à une paire de ciseaux dont les deux branches, tout en étant inséparablement unies, se meuvent souvent dans des directions opposées, mais se rencontrent toujours pour châtier quiconque se met entre elles. « Et si je veux qu'il me batte, moi ! » dit la femme de Sganarelle au bien intentionné, mais malencontreux voisin. Et, en effet, entre l'arbre et l'écorce il ne faut pas mettre le doigt. Les époux sont unis comme l'écorce à l'aubier ; rien de plus naturel qu'ils se défendent, comme d'une injure, de l'intervention d'amis maladroits. Le linge sale doit se laver en famille, et l'on a dit avec raison que les différends cachés, sont à moitié ajustés ; tandis que, lorsqu'ils ont éclaté au dehors, c'est double tâche d'arrêter la querelle dans la maison, et les langues dans le public.

Une femme écrivain, que l'on appelle souvent le George Sand de l'Angleterre, — ce qui donne à ceux qui ne connaissent que l'une des deux, une bien fausse idée de l'autre, — George Eliot a déclaré quelque part qu'entre époux il y a nécessairement ou relation de sympathie ou relation de conquête. Il est indubitable que les querelles conjugales ne sont souvent que des luttes pour l'autorité. Les fiancés vont devant le maire et disent : Oui ; ils ne sont pas encore revenus à la maison que l'un des deux a déjà dit : Non ; et voilà la guerre entamée. — « Comment se fait-il, demandait-on à un paysan narquois, que vous soyez toujours en désaccord, votre femme et vous ? » — « Ah ! répondit-il, c'est que nous avons la même idée : elle veut commander, et moi aussi. »

Pourquoi a-t-on l'air de croire qu'une fois que la cour a abouti au mariage, il est superflu de continuer à se témoigner de l'amour ? On a fait une conquête, et l'on ne prendrait aucune mesure pour la garder ? Quelque commune que soit la chose, elle choque le sens, et si l'homme y veut réfléchir, il le comprendra sans peine. La femme, de son côté, ne doit pas désirer moins conserver l'admiration du mari qu'elle ne désirait gagner celle du fiancé. Il lui a passé au doigt le gage doré de son amour : est-ce donc une raison pour elle de le traiter plus légèrement? Au lieu de négliger et, par suite, de diminuer ses charmes, elle devrait s'efforcer de les doubler, en faveur de celui qui lui a fait, en l'épousant, le plus grand compliment qu'il soit donné à un homme de faire à une femme.

Mlle de Scudéry donne une bonne leçon aux dames, lorsqu'elle dit : « Les amants, qui cessent de l'être après avoir épousé leurs maîtresses, n'ont pas toujours tout le tort ; car la plupart des femmes, dès qu'elles sont mariées, sont négligées pour leurs maris, contredisantes, chagrines, bien souvent coquettes, et même jalouses sans sujet ; de sorte qu'il ne faut pas s'étonner si, les trouvant si différentes de ce qu'elles étaient avant de les avoir épousées, les maris changent de sentiments pour elles. »

L'amour, que Bossuet appelle « la première des passions et la source de toutes les autres », ne s'entretient que par l'amour. Aussi faut-il que l'homme non seulement aime tendrement sa femme, mais encore lui dise qu'il l'aime, et le lui dise très souvent.

Il est essentiel que tous les deux soient disposés à se céder, non pas une fois, ni dix fois, mais constamment et comme par habitude.

L'égoïsme est mortel à l'amour. Parmi tant d'époux qui vivent sans affection l'un pour l'autre, dont les cœurs froids et morts n'ont que des cendres là où devrait brûler une flamme sacrée, beaucoup se sont perdus pour s'être inquiétés trop de soi et pas assez l'un de l'autre.

En somme, le bonheur ne tient jamais qu'à un fil ; mais dans le mariage plus, peut-être, que partout ailleurs, il dépend de nous de ne pas le couper.

CHAPITRE II

FAUT-IL SE MARIER ?

Cette question, plus immédiatement pratique que le fameux « être ou ne pas être », *to be or not to be,* de Hamlet, se pose naturellement à l'esprit, quand on arrive à la fin du précédent chapitre. S'il faut tant de précautions et de préparatifs pour faire un mariage, non pas même heureux, mais inoffensif, le jeu, comme on dit, en vaut-il bien la chandelle ?

La controverse dure depuis qu'on se marie, *et adhuc sub judice lis est.* Je la trancherai cependant à mon tour, quitte à ne convaincre, comme il arrive d'ordinaire, que ceux qui pensent déjà comme moi.

Certaines personnes ont un génie particulier pour se rendre malheureuses, quelle que soit leur condition. Si nous voulons nous guider par l'expérience, il faut d'abord les écarter du débat. Il y a d'ailleurs dans le monde assez de célibataires mécontents et de gens mariés dépités, pour nous permettre d'apprécier le mot du sage : — « Faites ce qui vous plaira : mariez-vous, ne vous mariez pas, vous vous en repentirez toujours. »

Le mariage a plus de plaisirs, mais le célibat a moins de peines. Aimer est une émotion douloureuse, mais ne pas aimer est plus douloureux encore.

Devant des assertions semblables, appuyées toutes sur des faits authentiques et nombreux, le choix, je l'avoue, est difficile à faire. Si les espérances peuvent tromper, les craintes peuvent mentir.

On a dit de l'état de mariage, que ceux qui y sont souhaitent d'en sortir, et ceux qui n'y sont pas, d'y entrer. C'est spirituel peut-être, mais trop absolu certainement. Je préfère la fine bonhomie d'un vieil auteur français, le Tourangeau François Tillier, qui a écrit dans son *Philogame ou Amy des Nopces :* « C'est du mariage comme de la vieillesse, à laquelle chacun désire parvenir: mais quand on y est on s'en repent, avec un désir d'avoir mieux.

Encores y a il pis. Car si nous échappons du premier mariage, nous ne sommes à nostre aise jusques à ce que de rechef nous ne soyons reliez.»

Plus on y réfléchit, et plus on admire la prudence de ce prêtre, qui, improvisant une allocution au couple qu'il allait unir, s'écria : — « Mes amis, le mariage est une bénédiction pour quelques-uns, une malédiction pour beaucoup, et une vraie loterie pour tous. Vous risquez-vous ? » — Après un silence, il redemanda plus fortement: — « Vous risquez-vous ? » — Et comme les jeunes gens, décidés à sauter le pas, ne répondaient rien, il reprit : — « Alors, poursuivons ! »

« Celui qui se marie et celui qui va à la guerre, disait un amiral de Castille, doivent être également prêts à toute éventualité. »

Tant d'avertissements, pour autorisés qu'ils soient, n'empêcheront pas qu'il n'y ait toujours des jeunes hommes et des jeunes filles persuadés qu'en fait de mariage, la pire de toutes les éventualités c'est encore de n'être pas marié

Un érudit ayant pris femme, un de ses vieux camarades de collège lui envoya une lettre de félicitations où il manifestait la velléité de suivre son exemple ; mais auparavant il le priait, en homme avisé, de vouloir bien lui dire, d'après son expérience, les inconvénients de la vie conjugale. —

« Puisque tu veux connaître les inconvénients d'une femme, je vais te les énumérer, répondit Joseph Alleine, le savant ainsi consulté. En premier lieu, si tu te lèves tous les matins à quatre heures ou plus tôt, elle te retiendra jusqu'à six; en second lieu, si tu as coutume de travailler quatorze heures par jour, elle te réduira à huit ou neuf; en troisième lieu, si tu négliges au moins un repas par jour pour tes études, elle viendra te prendre pour te mener à table. Si ce n'est pas là de quoi t'épouvanter, je ne sais vraiment pas quelle espèce d'homme tu es. »

Tous les hommes, en effet, ne sont pas de cette espèce, par trop érudite. La plupart trouveraient que ces prétendus inconvénients de la femme sont ce qui plaide le plus en sa faveur. Nous avons presque tous, et les hommes d'étude plus que les autres, besoin de la saine influence d'une femme de bon sens, pour régler et ordonner doucement notre vie. Si nous faisons des sottises quand nous en avons une, c'est encore bien pis quand nous n'en avons pas.

« Sans la femme, dit Proudhon, l'homme serait incapable de soutenir le fardeau de la vie, de garder sa dignité, de remplir sa destinée, de se supporter lui-même. »

Entouré de toutes les jouissances du luxe, le

célibataire sent son bonheur incomplet : il lui manque une femme et des enfants pour les partager.

« Toute âme aspire au bonheur, a écrit Charles de Bernard ; or, le bonheur ce n'est pas le délire du moment, quelqu'en soit l'excès ; c'est l'assurance d'un lendemain, la vue du but où l'on marche, les jouissances anticipées de l'avenir mêlées à celles du présent; et ce sanctuaire où la tendresse peut dormir, et cette foi dans la destinée, et ce royaume des jours qui doivent naître, l'amour légitime seul les possède. »

Guizot, entre tant de gros livres profonds et savants, en a fait un petit, dont le titre seul me charme : *L'amour dans le mariage*. J'y ai noté cette phrase : « De toutes les influences humaines, celle d'un amour vertueux est la plus puissante comme la plus douce. »

To be or not to be, être ou ne pas être... marié ! C'est une de ces questions que la raison seule ne peut guère résoudre. *Solvitur ambulando*. J'ai connu des gens qui en sont devenus fous, ou qui ont failli mourir d'indécision, comme l'âne entre deux râteliers. J'ai vu un infortuné mettre à la boîte une lettre où il demandait la main d'une jeune fille, et, immédiatement après, se repentant de sa témérité, essayer de retirer, du bout de sa badine, le précieux document.

Cet amoureux perplexe peut passer pour le type d'un grand nombre de jeunes gens d'aujourd'hui. Le mariage est une vieille et sotte coutume, bonne pour leurs grands-pères et grand'mères. Quant à eux, ils y renoncent. C'est le vieux jeu.

Toutefois, — l'impartialité m'oblige à le dire, — je ne crois pas qu'il n'y ait qu'un sexe à blâmer dans cette affaire. L'extravagante étourderie des dames, leur ignorance ou leur mépris des détails et de l'économie du ménage, ne contribuent-ils pas à détourner les hommes d'une périlleuse aventure ?

On raconte que les dames de la cour de Birmanie, il y a de cela bien des années, tinrent conseil pour trouver le moyen de guérir les jeunes gens de leur aversion croissante pour le mariage. La mesure qu'elles prirent, bien que fort sage, n'est guère pratique qu'en Birmanie. Elles obtinrent du roi un décret qui changeait les modes adoptées par les femmes honnêtes, réduisait la parure à sa plus simple expression, et obligeait les femmes mariées à se retirer du monde quand elles atteignaient un certain âge. Le succès couronna de si judicieux efforts, et toute la jeunesse courut à l'autel comme un seul homme.

Ceci n'est qu'un conte, et je le donne pour ce qu'il vaut. Les lois somptuaires n'ont jamais été bien efficaces, parce qu'elles visent à réformer les mœurs, tandis que ce sont les mœurs qui doivent réformer les lois. La crinoline d'il y a trente ans a disparu, mais ce n'est pas sous les foudres du vieux président Dupin qu'elle est tombée. Hier encore, on faisait campagne en l'honneur de sainte Mousseline. Quand tout le monde voudra la faire triompher, elle triomphera. Mais nous ne sommes au temps ni de Louis XIV, ni d'Idoménée, et les gouvernements n'empiètent plus sur les domaines de la perruque et du chiffon.

On trouve dans l'*Anatomie de la Mélancolie*, de Robert Burton, une sorte de plaidoyer assez original pour et contre le mariage. Les arguments pour sont tirés de Jacques de Voragine, vieil auteur du moyen âge qui a laissé une Vie des Saints jadis très populaire sous le nom de *Légende dorée*. On voit que la question a rendu perplexes les esprits de tous les temps. — « Possèdes-tu des richesses ? dit l'avocat du mariage. Tu as quelqu'un pour les garder et les accroître. N'en possèdes-tu pas? Tu as quelqu'un pour t'aider à en acquérir. Es-tu dans la prospérité ? Ton bonheur se double. Dans l'adversité ? Elle t'encourage, te soutient, porte une partie de ton fardeau pour te le rendre plus tolérable. Chez toi ? Elle chasse la mélancolie. Dehors ? Elle te suit des yeux quand tu sors, fait des vœux pour toi pendant ton absence, et accueille joyeusement ton retour. Rien n'a de charmes dans l'isolement, et il n'est point de société aussi douce que le mariage. Le lien de l'amour conjugal est de diamant. L'aimable entourage de la famille augmente; le nombre des parents se double; un bel enfant vient, et te voilà père. Moïse maudit la sterilité du mariage, combien plus la vie de l'homme seul! »

La contre-partie ne se fait pas attendre: — « Possèdes-tu des richesses? Tu as quelqu'un pour les dépenser. N'en possèdes tu pas? Ta pénurie en est accrue. Es-tu dans la prospérité? Ton bonheur prend fin. Dans l'adversité? Comme la femme de Job, elle aggrave ta misère, tourmente ton âme, rend intolérable ton fardeau. Chez toi? Ses criailleries te font prendre la porte. Dehors? Si tu es sage, restes-y: tu ne sais pas de quoi elle te gratifie en ton absence, mais elle accueille ton retour d'un regard farouche. Rien ne donne plus de satisfaction que la solitude, et nulle solitude ne vaut le célibat. Le lien du mariage est de diamant: nul espoir de le dénouer; c'en est fait de toi. Ta maison s'augmente; les amis de ta femme te dévoreront. Paul recommande le mariage, pourtant il préfère la vie solitaire. Le mariage est respectable? Mais quelle immortelle couronne appartient à la virginité! »

Le grand Bacon prend la question de plus haut; il considère l'influence du mariage et du célibat au point de vue des services que l'homme peut rendre à ses semblables. « Celui qui a femme et enfants, dit-il dans ses *Essais*, a donné des otages à la Fortune, car ce sont des entraves aux grandes entreprises, vertueuses ou perverses. Il est certain que les plus belles œuvres, celles qui ont le plus de mérite pour le public, viennent d'hommes non mariés ou sans enfants, qui ont, de cœur et d'action, épousé et doté le public. Ce serait pourtant grande raison que ceux qui ont des enfants eussent le plus souci de l'avenir; car ils savent qu'ils ont à lui livrer leurs gages les plus chers. Il y a des gens qui, tout en vivant seuls, n'ont qu'eux-mêmes pour fin de leurs pensées et considèrent l'avenir comme une impertinente billevesée. D'autres ne voient dans une femme et des enfants que des mémoires à payer. Il y a enfin des hommes opulents, envieux et sots, qui mettent de la vanité à ne pas avoir d'enfants, parce qu'on les en croit d'autant plus riches. Quelqu'un aura dit devant eux: — Un tel est un homme riche et considérable. — Et un autre aura objecté : — Oui, mais il est bien chargé d'enfants, — comme si cela diminuait ses richesses. Cependant le mobile le plus ordinaire qui pousse à vivre seul, c'est la liberté, surtout pour certains esprits ombrageux et égoïstes, impatients de toute contrainte, et qui prendraient, ou peu s'en faut, leurs ceintures et leurs jarretières pour des entraves et des chaînes. »

Bacon affirme, en outre, que les meilleurs maîtres et les meilleurs serviteurs sont les hommes non mariés. Des femmes il n'en est pas question. Mais assez d'autres en parlent sans lui.

C'est à la femme que le poète s'adresse, quand il s'écrie :

> Sur notre terre sèche et vieille
> Tu marches semant le bon grain ;
> Adroite et diligente abeille,
> Tu prends le miel en ton chemin.

« Sans la femme, déclare Chateaubriand, l'homme serait rude, grossier, solitaire. La femme suspend autour de lui les fleurs de la vie, comme ces lianes des forêts qui décorent le tronc des chênes de leurs guirlandes parfumées. »

M. Jules Simon, dans son livre sur *le Devoir*, exprime dans un style moins métaphorique une idée qui n'en est pas moins vraie. « La véritable école de l'humanité c'est le patriotisme, et l'école du patriotisme c'est l'esprit de famille. On apprend à aimer les hommes et son pays auprès du berceau de son enfant. Tous les bons sentiments naissent de cette source, comme par une contagion heureuse et bénie. »

Après tout, cette revue des avantages comparés du célibat et du mariage, qui pourrait se prolonger à l'infini, n'est que d'une médiocre utilité. Un seul regard de deux beaux yeux abattront plus d'arguments antimatrimoniaux qu'une boule bien lancée ne peut abattre de quilles. Les flèches de Cupidon — excusez ce parler mythologique — ont percé le cœur des plus grands ennemis du mariage au moment où ils s'y attendaient le moins.

Il en est du mariage comme de l'Académie : on en fait fi longtemps, jusqu'à ce qu'on soit pris de la rage d'y entrer.

Est-il nécessaire de rappeler ici le héron de La Fontaine qui, après avoir dédaigné carpe, brochet, tanche et goujon, fut tout heureux et tout aise

> De rencontrer un limaçon ?

Il n'y a que deux choses certaines en ce monde, a dit un humouriste : la mort à subir et les impôts à payer. Hors ces deux points, tout, dans la vie de l'homme, échappe au calcul exact. Nous ne savons donc jamais au juste si la route que nous suivons est la bonne, et l'indécision est permise quand nous arrivons aux carrefours. Mais il faut bien se dé-

2

cider pour un côté ou pour l'autre ; à moins que, de crainte d'erreur, on ne reste en place, ce qui est encore, après tout, une manière de se décider.

En somme, il y a dans tous les actes importants de l'existence, à faire la part du hasard. On ne passe pas du célibat à la vie conjugale, on ne fait pas choix d'une femme, on n'embrasse pas une profession, sans se risquer un peu dans les ténèbres ou le mystère. Témérité, soit ; mais dans ce monde peu compréhensible, témérité n'est pas toujours folie.

Sans doute, certaines unions seraient de grandes imprudences, pour ne pas dire de véritables crimes. Mais si vous vous *aimez*—je souligne le mot— si vous avez des ressources suffisantes, si les âges sont assortis, et s'il n'y a, à votre connaissance, ni d'un côté ni de l'autre, d'empêchement moral, intellectuel ou physique, — mariez-vous. C'est mon avis et l'avis de bien d'autres avant moi.

Franklin écrivait à un de ses jeunes amis : « Je suis aise que vous soyez marié et je vous en félicite très cordialement. Vous êtes désormais en voie de devenir un citoyen utile ; vous avez échappé à cet état antinaturel du célibat à vie, sort de tant de gens qui ne s'y destinaient pas, mais qui, à force d'avoir différé, finissent par trouver qu'il est trop tard, et passent ainsi toute leur existence dans une situation qui enlève grandement à la valeur de l'homme. Un volume dépareillé est loin d'avoir le prix qu'il aurait dans l'ensemble de l'œuvre dont il fait partie. Que feriez-vous de la moitié d'une paire de ciseaux?... »

Ce n'est pas sans plaisir que je trouve l'occasion d'opposer Franklin à Bacon. S'il me fallait juger entre eux, mon choix serait bientôt fait. Je préférerais le philosophe qui parle selon l'humanité au philosophe qui réduit en formules les abstractions de son esprit.

Luther disait : « Se lever tôt et se marier jeune, sont deux choses dont on ne se repent jamais. »

Ceux-là ne regardaient pas le mariage comme une entrave, et ils avaient raison : il ne doit être une entrave en aucun sens, comme l'explique Michelet : « Quand le mariage est raisonnable, prévoyant, quand la famille ne croît pas trop rapidement, la femme, loin d'être un obstacle à la liberté du mouvement, en est au contraire la condition naturelle et essentielle. Pourquoi l'Anglais émigre-t-il si aisément et si utilement pour l'Angleterre ? Parce que sa femme le suit... C'est la force de la famille qui chez eux a créé la force et la grandeur de la patrie. »

Les soucis et les peines de la vie conjugale sont nombreux, mais ceux de la vie de garçon sont-ils rares ? Le célibataire n'a personne à qui il puisse se confier dans les circonstances graves. En règle générale, il dépense autant, sa vie est moins utile, et, s'il est plus bruyant, il a moins de vraie joie.

« Quelle vie ! s'écrie Cobbett. N'avoir personne à qui parler sans sortir de chez soi ou sans y faire venir quelqu'un ! Personne avec qui partager chagrins et plaisirs ; pas une âme qui ait avec vous une pensée en commun, pas une qui, dans cette cohue d'intérêts, s'inquiète de vous ! Quant aux plaisirs, — car on ne peut guère s'en abstenir entièrement — que ne coûtent-ils point, la plupart du temps ! La peine, l'ennui, la déception, la jalousie même, ne les accompagnent-ils pas ? et ne sont-ils jamais suivis de honte et de remords ? A mes yeux rien au monde n'est si misérable qu'un *vieux garçon*. Les changements, les altérations que le temps amène dans le corps et dans l'esprit, et qui, chez un mari, augmentent plutôt qu'elles ne diminuent les attentions dont il est l'objet, n'inspirent chez le vieux garçon qu'indifférence et dégoût ; s'il est riche, il ne voit guère, dans la foule mercenaire qui l'entoure, que l'âpre désir de profiter de l'événement final dont l'approche lui est un sujet naturel de tristesse et d'horreur. »

« Je ne crois pas aux vieux célibataires heureux, dit Gustave Droz ; je ne crois pas au bonheur de tous les êtres qui, par folie ou calcul, se sont soustraits à la meilleure des lois sociales. »

Malgré tout, on aurait grand tort de pousser inconsidérément les jeunes gens dans cette affaire; car, quelque misérable que puisse être un vieux garçon, il est encore plus heureux qu'un mauvais mari ou que le mari d'une mauvaise femme. Ce qui est nourriture saine pour un estomac, est quelquefois poison pour un autre. Il y a des natures rebelles que le mariage n'assouplira pas, des chevaux farouches et rétifs qui n'iront jamais à deux.

Loin d'encourager au mariage des personnes de ce caractère, il faudrait les en dissuader. Mais, tout compte fait, le nombre en est petit.

C'est ici le lieu de protester contre les railleries, aussi sottes que peu généreuses, que l'on adresse parfois aux personnes âgées qui, dans le libre exercice de leur droit, se sont abstenues de se marier. Certaines d'entre elles pourraient donner de leur célibat des raisons cent fois plus honorables que les railleurs de leur mariage. Les unes n'ont jamais rencontré cet autre soi-même qui fait les unions assorties ; les autres l'ayant rencontré, en ont été forcément éloignées par les circonstances. Lequel est le plus digne, une existence solitaire, ou un mariage sans amour ?

D'autres ont renoncé à leurs espérances pour

accomplir quelque noble mission, pour se consacrer à un père âgé, à une mère malade, pour assurer une dot à une sœur.

Qui n'admirerait le célibat accepté dans de telles conditions ?

Le sens de blâme et d'ironie qui s'attache au terme « vieille fille » a causé plus d'une union mal assortie. La crainte d'être stigmatisée de ce nom, d'entendre dire qu'elles ont coiffé sainte Catherine, a précipité dans le mariage bien des personnes qui s'en sont repenties jusqu'à leur dernier jour.

J'ai entendu soutenir que le mariage est la seule profession des femmes. Encore faut-il la vocation, et les circonstances qui permettent de l'exercer.

Les mères font bien d'enseigner à leurs filles que, si le mariage fondé sur un amour et une estime réciproques peut à juste titre s'appeler la condition la plus heureuse de la femme, il apporte ses épreuves aussi bien que ses joies, et qu'il est très possible pour une femme d'être utile et heureuse, même après la jeunesse envolée, même lorsque les joies qui couronnent la vie — celles d'épouse et de mère — ont passé près d'elle sans qu'elle ait pu ou voulu en jouir.

Je tiens cependant à le répéter : de ce que le célibat offre des consolations, il ne s'ensuit nullement que le mariage ne lui soit mille fois préférable. « Le mariage établit l'homme dans ses droits, la société dans sa règle, et le genre humain dans la vertu, » — a dit Aimé Martin d'un ton quelque peu solennel, mais avec une grande vérité.

« Jeanne, disait un vieux paysan à sa fille qui lui demandait l'autorisation de se marier, Jeanne, c'est une chose redoutable que le mariage. »

« Je le sais bien, répondit Jeanne fort sensément ; mais il est bien plus redoutable de rester fille. »

Cette gentille Jeanne n'aurait eu, j'imagine, rien à redire à l'opinion de l'auteur de *Monsieur, Madame et Bébé:* « Je ne sais trop pourquoi on s'est plu à entourer le mariage de pièges à loups et de choses effrayantes, écrit-il; à planter tout autour des écriteaux sur lesquels on lit : Prenez garde aux liens sacrés de l'hymen ! Ne plaisantons pas avec les devoirs sacrés de l'époux? Méditez sur le sacerdoce du père de famille ! Souvenez-vous que la vie grave commence ! Point de faiblesse, vous allez vous trouver face à face avec la dure réalité ! etc., etc. — ... On dirait vraiment qu'accepter une jolie petite femme, toute fraîche de cœur et d'esprit, ou se condamner pour le reste de ses jours à scier du bois, c'est la même chose ! »

En soi le mariage est bon. Le tout est de ne pas changer le bien en mal, de ne pas faire un mauvais usage d'une bonne chose, comme ce fou qui disait : « Quelle chance ! J'ai trouvé une corde toute neuve ! Je vais me pendre avec. »

CHAPITRE III

CE QUE L'HOMME DOIT AU MARIAGE

S'il se trouvait quelques personnes — je parle des hommes, les femmes étant rarement des ennemies fanatiques de l'institution matrimoniale, — qui doutassent sérieusement que, dans cette question, les raisons pour l'emportent sur les raisons contre, je recommande à leur attention quelques exemples d'hommes remarquables ou illustres qui doivent au mariage ce qu'ils ont été.

En général — on l'a reconnu depuis qu'Ève fut faite pour Adam, — il n'est pas bon que l'homme soit seul. Ce souverain du monde perd assez facilement la tête, et se laisse dominer par ses moins avouables passions. Le frein du mariage, les devoirs actifs qu'il impose sont le meilleur préservatif non seulement contre les folies, mais contre les rêveries stériles et la somnolence d'une vie inutile et sans but.

Un penseur qui n'a pas flatté les femmes, Proudhon, a écrit d'abondance de cœur ces éloquentes paroles : « La femme est la conscience de l'homme personnifiée. C'est l'incarnation de sa jeunesse, de sa raison et de sa justice, de ce qu'il y a en lui de plus pur, de plus intime, de plus sublime, et dont l'image vivante, parlante et agissante lui est offerte, pour le réconforter, le conseiller, l'aimer sans fin et sans mesure. »

Ils sont nombreux les hommes supérieurs qui, de leur aveu, doivent au mariage leur supériorité. Écoutez de Tocqueville écrivant à son ami le comte de Kergolay :

« Je ne saurais te dire quel bonheur on éprouve à la longue dans la compagnie habituelle d'une femme chez laquelle tout ce qu'il peut y avoir de bien dans votre âme se réfléchit naturellement, et paraît mieux encore. Quand, je fais ou dis une chose qui me semble complètement bien, je lis aussitôt dans les traits de Marie un sentiment de bonheur et de fierté qui m'élève moi-même. De même que, quand ma conscience me reproche quelque chose, j'aperçois immédiatement un nuage dans ses yeux. Quoique maître de son âme à un point rare, je vois avec plaisir qu'elle m'intimide, et tant que je l'aimerai comme je fais, je suis sûr de ne jamais me laisser entraîner à quelque chose qui ne soit pas bien. »

Notre gloire est souvent l'ouvrage d'un sourire,

a dit l'aimable Legouvé.

Cette compagnie d'une bonne épouse qui permet aux hommes de gagner en douceur et en élévation morale, ne leur fait à aucun degré perdre la vigueur qui surmonte les obstacles et assure la victoire dans les luttes de la vie. Bien au contraire. On a vu des hommes faibles déployer une véritable vertu civique, et des hommes énergiques le devenir plus encore, parce qu'à leurs côtés une noble femme exerçait sur leur conduite une fortifiante influence.

Certaines gens se croient spirituels parce qu'ils ont à leur disposition une demi-douzaine de sarcasmes, usés jusqu'à la corde, sur ce qu'ils appellent les chaînes du mariage. Pour répondre à cette excessive dépense d'esprit, il n'y a qu'à nommer les hommes illustres qui ont baisé leurs chaînes en s'écriant : Si c'est là l'esclavage, qui voudrait être libre ?

Luther disait en parlant de sa femme : « Je n'échangerais pas ma pauvreté avec elle pour toutes les richesses de Crésus sans elle? »

Nous pouvons rapporter sans aigreur les paroles d'un ennemi, même d'un ennemi victorieux. Le prince de Bismark rendait naguère à sa femme ce témoignage : « C'est elle qui m'a fait ce que je suis. » Que ne pouvons-nous l'en féliciter !

Le fameux orateur Burke, s'écriait : « Tous les soucis s'évanouissent du moment que je suis rentré sous mon toit. » Et ailleurs : « Une femme n'est point faite pour l'admiration de tous, mais pour la félicité d'un seul. »

Disraëli attribuait sa grande fortune politique à sa femme, et lui en témoignait la reconnaissance la plus tendre. Il la quittait le moins possible, et on les voyait tellement partout et toujours ensemble que beaucoup, dont la vie conjugale était réglée par d'autres principes, prenaient ce couple inséparable pour texte à plaisanteries. Un de ces personnages qui, parce qu'on tolère depuis longtemps leur familiarité, se croient le droit d'être grossiers, ne craignit pas de dire un jour à Disraëli, alors vicomte Beaconsfield :— « En vérité, je ne vous comprends pas. Vous vous rendez la risée de tout le monde, à mener ainsi partout votre femme avec vous. » — La réplique fut prompte. — « Je ne m'étonne pas que vous ne me compreniez pas ; car il faudrait avoir le cerveau bien malade pour imaginer que vous puissiez comprendre ce que c'est que la gratitude. »

Les célibataires dignes de mémoire ne manquent pas, sans doute. Mais en somme ce sont les hommes mariés qui font la besogne du genre humain. Quelque forts que soient le désir de la gloire et l'ambition, l'amour est un aiguillon plus puissant.

Nelle scuole d'Amor che non s'apprende ? (1)

Combien se seraient dégoûtés et, faute d'un effort, n'auraient jamais enfoncé la porte qui leur fermait l'avenir, s'ils n'avaient eu derrière eux une femme et des enfants, et si l'amour et le devoir ne leur avaient à toute minute crié que le découragement serait un crime !

« La femme est l'auxiliaire de l'homme, dit encore Proudhon, d'abord dans le travail, par ses soins, sa douce société, sa charité vigilante. C'est elle qui essuie son front inondé de sueur, qui repose sur ses genoux sa tête fatiguée, qui apaise la fièvre de son sang et verse le baume sur ses blessures. *Auxilium christianorum, salus infirmorum.* Elle est sa sœur de charité. Oh ! qu'elle le regarde seulement, qu'elle assaisonne de sa tendresse le pain qu'elle lui apporte : il sera fort comme deux, il travaillera pour quatre, il ne souf-

(1) Torquato Tasso.

frira pas qu'elle se déchire à ces ronces, qu'elle se souille dans cette boue, qu'elle s'essouffle, qu'elle sue. Honte et malheur à lui, s'il faisait labourer sa femme ! »

On a comparé l'homme puissant, à qui tout réussit, et qui s'avance toujours plus loin dans la carrière, à un grand navire voguant majestueusement dans l'orgueil et l'irrésistibilité de sa masse; mais on ne voit pas, le tout petit remorqueur qui, d'ordinaire, le dirige et l'entraîne en avant. Ce petit remorqueur, c'est sa femme.

Walter Scott et Daniel O'Connell, le grand patriote irlandais, aimaient à répéter que c'était à leur femme qu'ils devaient surtout leurs succès.

— « N'oubliez pas de présenter mes compliments à Lady Eldon, » dit le roi à Lord Eldon le jour où il lui confia le Grand Sceau. Et comme le lord paraissait à la fois étonné et confus de cette attention de son souverain : — « C'est que, reprit le roi, je sais tout ce dont je suis redevable à Lady Eldon : vous tout seul, vous auriez fait de vous un pasteur de campagne, tandis qu'elle en a fait un grand chancelier. »

Le peintre Joshua Reynolds rencontrant le sculpteur Flaxman alors au début de sa carrière, lui demanda : — « Est-ce vrai ce qu'on dit, que vous êtes marié ? » Et sur sa réponse affirmative :

— « Alors vous êtes fini comme artiste, » reprit e peintre. — Ce n'en fut pas moins grâce à l'économie et aux encouragements de sa femme que Flaxman put aller avec elle à Rome, et y vivre pendant sept ans, dans le commerce des grandes œuvres de la renaissance et de l'antiquité. Sans elle, comme il se plaisait à le reconnaître, il n'aurait jamais pu faire l'éducation de son génie.

L'ingénieux et sagace observateur qui nous a révélé les mœurs des abeilles, le suisse Huber était aveugle depuis l'âge de dix-sept ans. Mais il avait les yeux de sa femme, et il est permis de croire qu'il n'aurait pas si bien vu s'il avait pu se servir des siens. Il avait fini par être heureux de sa cécité. — « Sans elle, disait-il, je n'aurais jamais su combien on peut être aimé. Et puis, je vois toujours ma femme jeune, fraîche et jolie ; n'est-ce donc rien que cela ? »

Les savants, les littérateurs qui ont trouvé dans leur femme le plus précieux des auxiliaires, ne se comptent pas, tant ils sont nombreux.

L'humouriste Hood, dont la vie ne fut qu'une longue maladie, écrivait à sa femme, dans un de leurs rares moments de séparation : « Je n'ai jamais été rien, ma bien chérie, avant de vous avoir connue ; et depuis j'ai été toujours meilleur, toujours plus heureux, toujours plus comblé. »

La femme du grand historien Carlyle, au rapport de son biographe, n'était jamais plus ravie que lorsqu'elle pouvait épargner à l'esprit de son mari une anxiété et à son estomac une indigestion.

Je m'abstiens de parler de nos écrivains français qui ont trouvé dans leurs femmes ou dans des amies dévouées la collaboration la plus intelligente, et souvent les plus hautes inspirations. Avec les noms de Michelet, de Mme Swetchine et du comte de Falloux, de notre contemporain Daudet et de tant d'autres, on grossirait indéfiniment ce volume sans rien apprendre au lecteur.

L'influence des femmes sur les réformateurs religieux et sur les philosophes n'a pas été moindre. Mahomet trouva dans sa femme Kadijah son premier prosélyte, et ne l'oublia jamais. Longtemps après, sa seconde femme, la jeune et brillante Ayescha, jalouse du souvenir de Kadijah, lui demandait : — « Est-ce que je ne vaux pas mieux qu'elle ? Elle était veuve, vieille, sans attraits. N'est-ce pas que vous m'aimez plus que vous ne l'avez aimée ? » — « Non, par Allah ! répondit Mahomet. Elle a cru en moi lorsque personne n'y voulait croire. Je n'avais pas un ami au monde, et elle m'a aimé. »

On ne sait pas encore tout ce qu'Auguste Comte et la propagation de sa doctrine doivent à

Mme Clothilde de Vaux. Un autre philosophe et économiste contemporain, John Stuart Mill, a proclamé, en tête de son étude sur la Liberté, ses sentiments de reconnaissance pour sa femme. « A la chère et lamentée mémoire de celle qui fut l'inspiratrice, et en partie l'auteur, de tout ce qu'il y a de meilleur dans mes écrits — à l'amie et à l'épouse dont le sens exalté du vrai et du juste fut mon plus fort encouragement, et dont l'approbation était ma plus grande récompense, —je dédie ce volume... »

Dans une réunion publique où l'on soutenait les droits de la femme, un orateur du sexe s'écria : — « Ne sait-on pas que c'est au nombre de ses femmes que Salomon dut sa sagesse ! » — Peut-être allait-elle un peu loin.

C'est aller trop loin également que d'en arriver, comme le font trop de maris, poussés et guidés par leur femme, à perdre toute initiative et toute volonté personnelle. Les déguisements ne sont de mise qu'en carnaval, et, comme le dit énergiquement l'expression populaire, il faut que l'homme porte les culottes.

Un ami du poète Wordsworth voulait lui rapporter les critiques injustes et passionnées que dirigeait contre lui De Quincey, resté fameux pour ses *Confessions d'un mangeur d'opium*. Mais Wordsworth refusa de l'écouter. Il ne les avait pas lues, et ne se souciait pas de se donner de gaieté de cœur un sujet d'irritation ou d'ennui. — « Soit, dit l'ami ; n'en parlons pas. Mais vous saurez au moins qu'il prétend que votre femme est trop bonne pour vous, et que vous ne la méritez pas. » — A ce mot, un éclair brilla dans les yeux du vieux poète ; il se leva de sa chaise et s'écria, enthousiasmé : — « Ah ! voilà qui est vrai, et comme il a raison ! »

Un boutiquier, pour engager son fils à être honnête, lui disait : — « Crois-moi, c'est encore l'honnêteté qui réussit le mieux ; j'ai essayé les deux moyens. » — Il en est de même du célibat et du mariage. La majorité de ceux qui ont essayé les deux sont d'avis que c'est encore le mariage qui leur a le mieux réussi.

CHAPITRE IV

DU CHOIX D'UNE FEMME

Rien n'est meilleur qu'une bonne femme, mais rien n'est pire qu'une mauvaise.

— « Qui dois-je donc épouser ? » — demandait l'homme qui a le plus fait pour les applications pratiques de l'électricité, l'Américain Edison, à un ami qui lui représentait combien il aurait besoin d'une femme pour lui ménager un intérieur heureux et diriger sa maison. — « Qui?... Mais n'importe qui, » répondit le conseiller, stupéfait d'une telle question, et pensant, sans doute, que l'homme capable de la faire trouverait de quoi se contenter dans la première honnête personne en jupons qu'il rencontrerait.

Non, n'épousez pas n'importe qui. Le mariage est l'antre du lion : on voit bien ceux qui y entrent, mais on n'en voit guère en sortir ; et encore ceux-ci sont-ils tellement estropiés par la séparation ou le divorce que, loin de faire envie, leur sort ne peut qu'inspirer de la pitié.

Il était bien convaincu de la nécessité de prendre des précautions et des sûretés dans une affaire si importante, l'excentrique d'outre-Manche qui fit insérer dans les journaux de son pays une annonce ainsi conçue :

« Un jeune homme de bonne famille, sur le point de monter son ménage, demande une jeune personne entre dix-huit et vingt-cinq ans, avec une bonne éducation, et une fortune de cinq mille livres sterling au moins ; les poumons et les membres en bon état ; cinq pieds quatre pouces sans les talons ; ni grasse, ni maigre ; bonnes dents ; sans orgueil et sans affectation ; ni bavarde, ni grondeuse, mais ayant conscience de sa dignité t de disposition charitable ; n'ayant point le goû; exagéré de la toilette, mais toujours décente et propre ; capable de recevoir les amis de son mari avec affabilité et bonne humeur, et de préférer sa compagnie aux divertissements publics et aux courses en ville ; sachant assez garder un secret pour qu'il puisse lui ouvrir son cœur sans réserve en toute occasion ; experte à augmenter ou à restreindre les dépenses domestiques suivant les circonstances, sans ostentation comme sans plainte, et toujours avec un esprit d'économie. Toute jeune personne, disposée au mariage, et remplissant les conditions, est priée de s'adresser à Y. Z. au grand Café des Baptistes, à Aldermanbury. — *N. B.* Le jeune homme est à même d'offrir l'équivalent, et mérite, à tous égards, une jeune personne douée des qualités ci-dessus dites. »

Cette histoire me remet en mémoire une vieille dame qui envoyait son intendant à la foire voisine, pour lui acheter une vache. Elle lui expliquait qu'il lui en fallait une jeune, de bonne race, à peau fine, avec une robe de couleur crème un peu rosée, l'échine droite, et incapable de briser une clôture pour aller brouter du trèfle dans le champ d'à côté ; surtout, elle ne devait pas coûter plus de deux cents francs. L'intendant, à qui de longs services donnaient son franc parler, s'inclina respectueusement : — « En ce cas, madame, dit-il, je crois que je ferai mieux de me mettre à genoux et d'attendre qu'elle me tombe du ciel ; car je n'ai, j'en suis convaincu, aucune chance de la trouver autrement. »

La fortune n'est certainement pas un vice, mais on se tromperait si l'on croyait assurer son bonheur en épousant une femme parce qu'elle est riche. On peut dire que, dans ce cas, la femme s'achète et le mari se vend.

« Alexis de Tocqueville, raconte son biographe, M. Gustave de Beaumont, n'admettait pas que pour être riche on risquât son bonheur et son honneur; et, à la différence de tant de gens qui, en se mariant, aspirent avant tout à conclure une *bonne affaire*, il mit sa sagesse et son orgueil à se marier selon sa raison et son cœur. En agissant ainsi, il ne suivit pas seulement son instinct, il était profondément convaincu de l'influence morale qu'exerce sur l'existence tout entière de l'homme le caractère personnel de celle qu'il a prise pour compagne. Il savait bien que, dans la vie publique comme dans la vie privée, la conscience la plus droite et l'indépendance la plus ferme chancellent bientôt si elles n'ont auprès d'elles une force auxiliaire sur laquelle elles s'appuient; il savait que la défaillance est certaine pour qui s'allie à la faiblesse; enfin, il se connaissait et il ne voyait de bonheur possible pour lui que dans le choix d'une femme qui confondît absolument sa vie dans la sienne, s'associât sans réserve à son genre de vie, à ses goûts, à ses travaux, à ses passions, si éloignés des goûts et des passions du monde. Il avait aperçu toutes ces choses dans celle qu'il aimait, et dès lors sa résolution fut prise irrévocablement. Combien de fois il a dit à celui qui écrit ces lignes que son mariage critiqué par quelques *sages* avait été l'acte le plus sensé de sa vie ! Nul ne sait peut-être autant que celui qui était le confident de ses plus intimes secrets ce qu'a été pour lui pendant vingt-cinq ans d'union cette douce et fidèle compagne de sa vie, ce qu'il a trouvé en elle de sympathie passionnée pour ses succès, de secours dans ses découragements, de calme et de sérénité dans ses troubles et ses mélancolies, de soins, de dévouement, d'abnégation et d'énergie dans toutes ses épreuves ! »

Malgré le bandeau qu'il a sur les yeux, l'amour est encore un meilleur guide que l'arithmétique.

On se fait souvent de bien fausses idées du bonheur. On va répétant : Si j'étais riche, comme je serais heureux ! C'est ce que quelqu'un disait au roi de la finance, à Rothschild, en visitant les splendeurs de sa maison : — « Vous êtes un homme heureux ! » — « Heureux ! reprit le célèbre millionnaire. Heureux !... Parlons d'autre chose, voulez-vous ? »

Il vaut mieux trouver une fortune dans votre femme que dans sa dot. La fille riche apporte le plus souvent des habitudes de luxe et de dépenses qui peuvent être la ruine; et, le jour où le pain manquera dans la maison, elle demandera de la brioche.

Chateaubriand a dit : « Quiconque est insensible à la beauté pourrait bien méconnaître la vertu. » Il ne serait pourtant guère sage de se décider par ce seul attrait. Qui épouse une jolie femme en épouse aussi une laide... pour plus tard. Les exceptions sont rares; d'ailleurs, « l'accoutumance nous rend tout familier, » et les charmes qui nous ravissaient au moment du mariage nous laisseront froid et indifférent peu de temps après. Il y a des traits où la bonté est peinte ; l'âge ne l'effacera pas, et ce sont là les figures véritablement aimables. Loin de leur nuire, la vieillesse y ajoute un charme discret et attendri.

Mais, sur toute chose, n'épousez pas une étourdie incapable de porter loin un secret, ni une sotte dont la conduite ou le langage vous couvriraient de confusion. En fin de compte, c'est entre les mains de la femme que reposent les intérêts et la prospérité de la maison. Celui qui épouse une femme méchante est bien malheureux; mais une femme sotte !... Le cas est alors désespéré.

« La femme belle et insensée est comme un anneau d'or au museau d'une truie, » suivant le trivial et énergique langage de David.

La santé est un grand point. Des poumons librement développés valent mieux qu'une taille de guêpe, et l'air intéressant d'un visage pâle promet plus de peines pour l'avenir qu'une figure où un sang vif sème des roses. C'est une très importante question, dont je reparlerai.

Une jeune femme de vingt et un ans disait un jour : — « Après trente ans, une femme ne vaut pas la peine qu'on la regarde. » — « Vous avez bien raison, ma chère, reprit une amie de dix ou douze ans plus mûre ; mais avant cet âge, elle ne vaut pas la peine qu'on l'écoute. »

Suivez donc votre goût, mon cher monsieur. Gardez-vous seulement d'épouser une enfant ou une vieille. Sans doute, en vous mariant, vous prenez une compagne, non pas une cuisinière ou une femme de charge. Mais ne sera-t-elle pas un trésor, la jeune fille qui saura mettre et maintenir le bon ordre dans la maison ?

Rappelons-nous la dot de Marianne, telle que Frosine la détaille à Harpagon. Tout le monde sait le morceau par cœur, et personne ne le relira sans plaisir : « Premièrement, elle est nourrie et élevée dans une grande épargne de bouche. C'est une fille accoutumée à vivre de salade, de lait, de fromage, et de pommes, et à laquelle par conséquent il ne faudra ni table bien servie, ni consommés exquis, ni orges-mondés perpétuels, ni les autres délicatesses qu'il faudrait pour une autre femme ; et cela ne va pas à si peu de chose, qu'il ne monte bien tous les ans à trois mille francs pour le moins. Outre cela, elle n'est curieuse que d'une propreté fort simple, et n'aime point les superbes habits, ni les riches bijoux, ni les meubles somptueux, où donnent ses pareilles avec tant de chaleur ; et cet article-là vaut plus de quatre mille livres par an. De plus, elle a une aversion horrible pour le jeu, ce qui n'est pas commun aux femmes d'aujourd'hui ; et j'en sais une de nos quartiers, qui a perdu vingt mille francs cette année. Mais n'en prenons rien que le quart. Cinq mille francs : quatre mille francs en habits et bijoux, cela fait neuf mille livres ; et mille écus que nous mettons pour la nourriture, ne voilà-t-il pas par année nos douze mille francs bien comptés ? »

Il n'y a pas bien longtemps, un livre de messe et un livre de cuisine composaient toute la bibliothèque d'une femme. Aujourd'hui l'on s'accorde généralement à reconnaître que la science féminine peut s'étendre au delà du pot-au-feu et se hausser à quelque chose de plus que de « connaître un pourpoint d'avec un haut-de-chausse. » Il est devenu possible de rencontrer des jeunes filles dont l'éducation ne soit pas de beaucoup inférieure à celle du mari, et dont la philosophie, néanmoins, ne dédaigne pas de descendre jusqu'à la cuisine. Pourquoi les lettres rendraient-elles une jeune personne impropre aux choses de la vie quotidienne? Elles n'ont pas ce résultat chez l'homme. Ne voit-on pas, en effet, les esprits les plus cultivés consacrer, avec succès et sans dégoûts, leur attention et leur temps aux soins les plus terre à terre et les plus vulgaires? Qui doute que les femmes n'en puissent faire autant?

Un récent mariage inspirait à une dame cette réflexion : — « Comment a-t-elle pu se faire épouser? Je n'en reviens pas. Elle est tout ce qu'il y a de plus commun et de plus stupide. » — « En effet, répondis-je. Elle n'est pas brillante ; elle n'a même pas beaucoup d'intelligence ; mais il existe une sorte de génie pour aimer, et ce génie, elle le possède. Son mari n'a pas perdu en l'épousant. »

Au foyer domestique, la douceur, la patience, la générosité sont des qualités bien plus précieuses que les attraits personnels, les talents ou les facultés de l'esprit. Ce sont les véritables éléments du bonheur. La femme qui sait aimer voit et entend mieux que la plus intelligente des femmes qui n'aurait pas de cœur. « Tout est poésie en ménage, dit Michelet, et toute chose de nature est noble en la personne aimée. »

On demandait une balayeuse. Celle qui obtint la place avait les meilleurs antécédents, et ses certificats la représentaient comme une femme d'une intelligence rare dans sa condition. Seulement, le jour où elle entra en fonction, on s'aperçut qu'elle n'avait qu'un bras. Quels que soient la beauté, l'esprit et les talents d'une femme, il lui manque un bras si elle n'a pas le génie de l'affection. Aussi comme elle est vraie, cette parole de Sénancourt ! « Tout est douleur, vide, abandon, si l'amour s'éloigne ; s'il approche, tout est joie, espoir, félicité. »

Le vêtement est une de ces petites choses où se trahit le caractère. Une femme distinguée sera toujours propre et élégante, tout en évitant l'étalage des parures et en se gardant de faire montre de ses ajustements. Proudhon a tenu sur ce sujet le langage du bon sens, malgré les utopies qu'on lui reproche : « Par sa nature et sa destination, la femme recherche l'élégance et le luxe ; il faut qu'il en soit ainsi. Dans une société et un ménage bien ordonnés, cette élégance, elle l'obtient avec les seules ressources de la maison, le produit du travail du mari ; ce luxe est l'effet de son administration et de son économie. »

Il n'y a point de position où l'activité industrieuse de la femme ne soit nécessaire au bonheur de la famille. Une maitresse paresseuse fait des domestiques paresseux; et, ce qui est pis, une mère paresseuse apprend la paresse à ses enfants.

Mais comment celui qui est sous le charme, le jeune homme à qui l'amour a ravi le jugement, pourra-t-il se mettre en garde, et distinguer si celle qu'il aime est active ou indolente? J'avoue que je n'ai point de réponse à cette question. Si la passion est maitresse, nous savons qu'elle est aveugle; et c'est dès lors une chance à courir. Mais si l'on n'est pas frappé du coup de foudre, rien n'empêche de se guider sur des signes non équivoques et que nulle habileté ne saurait cacher entièrement.

Un jeune homme faisait la cour à une jeune personne qui avait deux sœurs. Une d'elles dit un jour devant lui : — « Je ne sais où est notre aiguille. » — Ce mot décida sa retraite. Il ne se soucia pas de devenir le mari d'une fille qui n'avait qu'un tiers d'aiguille comme on a un tiers d'étude d'agent de change.

Que de qualités doit avoir celle dont on fera sa femme ! L'énumération détaillée en serait trop longue, même ici. Le malheur est qu'il soit si difficile de s'assurer si la future les possède, ou non.

C'est là surtout que les apparences sont trompeuses et que

Bien fol est qui s'y fie.

La plus douce et la plus soumise des fiancées devient parfois, dès que le mariage est fait et comme par la vertu d'une baguette magique, la plus acariâtre et la plus entêtée des épouses. « Ton futur mari paraît bien exigeant, disait une mère à sa fille. Il fait je ne sais combien de stipulations. » — « Ne t'inquiète pas, maman, répond la jeune fille, tout en donnant un coup d'œil à sa toilette de noce. Ce sont ses dernières volontés. »

Il y a cependant une méthode pour arriver à se faire une idée aussi juste que possible du caractère d'une jeune fille. Étudiez le caractère de la mère, et, dans une famille où il y a plusieurs enfants, sachez si celle que vous désirez pour femme est bonne envers ses frères et sœurs. En tout cas, demandez-vous sérieusement à vous-même si vous la respectez autant que vous l'admirez. N'est-ce pas Fichte qui a dit : « Il ne peut y avoir d'amour vrai et durable sans estime ; autrement, il laissera toujours des regrets après lui, et il est indigne d'une âme noble. »

« Nous autres hommes, a écrit l'auteur de la *Foire aux Vanités*, ce que nous voulons pour la plupart trouver dans une femme, c'est un être humble, flatteur, souriant, qui aime les enfants et sache faire le thé, qui rie de nos plaisanteries, bonnes ou mauvaises, qui nous cajole, encourage nos caprices, et nous mente amoureusement d'un bout à l'autre de la vie. »

Pauvre idéal, quelque aimable et gracieux qu'il soit ! Une femme doit être la conseillère de son mari, et savoir le reprendre au besoin. Elle est un autre lui-même, plus calme et meilleur Tout mensonge, que l'amour le dicte ou non, doit être banni entre eux.

Est-elle riche ? Est-elle jolie ? A-t-elle des talents ? Voilà ce dont on s'inquiète, bien plus que de savoir si elle est bonne, sensée, diligente, affectueuse. Et pourtant celui qui se marie à l'aveugle risque de se charger du plus détestable fléau qui soit sur terre. Si l'on choisissait du moins sa femme comme on choisit une étoffe quand on veut qu'elle dure à l'usage, on ferait de meilleurs marchés.

On a comparé l'homme qui choisit une femme à quelqu'un qui mettrait la main dans un sac où seraient cent serpents et une seule anguille. Il se peut que la main du premier coup saisisse l'anguille ; mais il y a cent à parier contre un qu'elle sera mordue par un serpent.

Cette théorie de chance et de loterie, si communément adoptée et qu'on se plaît à exposer avec une sorte de cynisme, est-elle vraie, après tout? La femme capable d'être une bonne épouse et une bonne mère est-elle réellement le *rara avis in terris* dont parle le satirique latin ? J'en appelle au cœur du fils ; j'en appelle aux maris qui ont pris soin de choisir leur femme, et qui, une fois choisie, ne l'abandonnent pas à l'ennui et aux mauvaise inspirations d'un foyer solitaire.

S'il est vrai qu'une femme querelleuse et méchante ait un scorpion dans la main, il me paraît que les scorpions sont assez rares, et que bien des gens sortent de l'épreuve sans être estropiés.

CHAPITRE V

DU CHOIX D'UN MARI

Nous avons vu de quelle importance le choix d'une bonne épouse est pour un homme ; combien plus, pour une femme le choix d'un bon mari ! L'amour tient plus ou moins de place dans la vie de l'homme ; mais il est toute la vie de la femme. L'homme peut fuir son intérieur, vivre au dehors, chercher dans le travail et le commerce des autres hommes des distractions et des consolations. La vie de la femme est au foyer. Je ne parle pas de celles qui, donnant au problème de l'émancipation de leur sexe sa pire solution, vivent dans le mariage comme des femmes libres, et poursuivent de leur côté les plaisirs mondains. Celles-là sont des êtres qui s'amusent ou cherchent à le faire, sans souci de la mission que la loi physiologique et la loi sociale leur ont assignée.

N'oublions pas le sens profond du mythe antique, qui met un bandeau sur les yeux de l'amour. Ce bandeau fait plus qu'aveugler ; il montre ce qui n'est pas et change l'aspect de ce qui est. Grâce à lui, les difformités deviennent beautés, les défauts qualités et les vices vertus.

C'est surtout aux très jeunes filles que l'amour met ce bandeau trompeur. Aimer trop tôt leur enlève les meilleures joies de leur âge, en amenant quelquefois des mariages prématurés, où la femme, qui n'est ni physiquement, ni moralement, préparée aux soins de la vie domestique, a à supporter le poids écrasant des résultats de son enthousiasme et de son imprudence.

Sans doute, il faut aimer. Il faut que l'imagination s'allume et que le cœur soit touché. Il faut qu'il y ait de l'enthousiasme, du roman même dans ces mois charmants qui précèdent le mariage et s'il en reste un peu durant la vie des époux, ce sera tant mieux. C'est ce qui fait la grâce, le parfum exquis d'un intérieur vraiment heureux.

La beauté c'est le front, l'amour c'est la couronne.

« Ce monde — c'est Guizot qui parle — n'a point de spectacle plus charmant que celui de la passion pure et heureuse... C'est le paradis reconquis. »

Mais si l'amour ne s'attache pas à des vertus solides, il n'y a dans le mariage, croyez-moi, ni bonheur, ni sécurité.

C'était l'avis d'un honnête Champenois nommé Paul Caillet qui, dans son livre intitulé : *Le Tableau du mariage représenté au naturel*, et publié en 1635, a écrit cette grave et belle sentence : « Le plus grand honneur de la femme vient de l'estime et du cas qu'elle fait de son mary. »

Qui voudrait, pour vingt, trente années, jusqu'à la mort, lier sa vie à celle d'un fourbe, d'un larron, d'un ivrogne ? Pensez-vous qu'un indolent et paresseux soit un bon soutien pour une famille ? Il y a des hommes pleins d'ardeur dans le succès, qui plient sous la première infortune, et gémissent au moindre chagrin. Ceux-là sont peu faits pour donner du courage à l'être plus faible qui les prendrait pour guide et pour appui.

Gardez-vous aussi de l'égoïste ; il saura se mettre un masque pour vous séduire, mais il ne le gardera pas longtemps, et vous apercevrez trop tard ses véritables traits. L'homme le plus aimable, le plus élégant, qui a le meilleur air et le meilleur ton, peut nourrir quelqu'un — sinon quelques-uns — de ces vices, enraciné au plus profond de son être.

Et si la racine y est, soyez sûre que la mauvaise plante croîtra vite et de ses frondaisons étouffera tout le reste. C'est le cas ou jamais, jeunes filles, ô colombes, de joindre à votre douceur la prudence du serpent.

Engageriez-vous une servante qui offrirait pour garantie le certificat de sa dernière maîtresse, constatant qu'elle n'est restée dans sa place qu'une quinzaine? Et vous allez vous engage vous-même à un soupirant qui, en fait de garanties, n'offre rien !...

Hélas ! On aime le mariage en soi, et l'on s'inquiète peu d'avoir un mari plutôt qu'un autre. On jure amour, fidélité, obéissance, à une personne dont on connaît à peine le visage. On sent qu'on n'est pas faite pour livrer seule le combat de la vie ; on s'ennuie dans une monotonie stagnante qui fait accueillir tout changement, quel qu'il soit, comme un gain.

Jacques raconte à son ami Jean l'histoire de son mariage et y met une fatuité complaisante. Une jeune fille était dans un couvent, prête à prendre le voile ; il se présente, elle est frappée du coup de foudre et n'est heureuse que quand le mariage est décidé. « Ah ! dit Jean ; je comprends bien : elle a mieux aimé être Mme Jacques que nonne. »

Que de cœurs se croient pleins d'amour, qui sont malades d'oisiveté !

Trop de jeunesse chez le mari ne vaut pas mieux que chez la femme. Les grappes vertes plaisent à certains palais, mais elles font du mal à tous les estomacs. Il y a pour tout un point de maturité, que l'impatience ne permet pas toujours d'attendre, mais sans lequel rien n'est parfait. Un mari trop jeune appréciera-t-il comme il convient ses devoirs envers sa jeune femme, et lui accordera-t-il les attentions auxquelles elle a droit ?

Il n'en est pas moins vrai que la jeunesse attire la jeunesse, et qu'il faut une raisonnable proportion dans l'âge des époux. « Ma chère enfant disait un père à sa fille, voilà que le temps vient de te marier ; mais je ne veux pas te donner à un garçon étourdi et sans expérience. Il te faudrait un homme mûr et sérieux. Que dirais-tu d'un excellent, charmant et intelligent mari de cinquante ans ? » — « Je crois que j'en aimerais mieux deux de vingt-cinq, » répondit l'ingénue.

Les plus habiles se trompent en augurant d'un mariage. Necker faisait la cour à une jeune veuve. Celle-ci, peu flattée de la poursuite, s'arrangea de manière à tourner les vues de son admirateur sur une autre personne qui demeurait chez elle.

« Ils vont s'ennuyer l'un l'autre à périr, se disait-elle ; cela leur donnera quelque chose à faire. » Ils s'ennuyèrent si peu qu'à la veille de son mariage la jeune fille écrivait : « J'épouse un homme que je prendrais pour un ange, si l'excès de son amour pour moi ne témoignait sa faiblesse. » Necker, de son côté, se trouvait aussi heureux qu'un homme peut l'être, et jamais un nuage ne troubla la sérénité de leur ciel conjugal.

La femme d'un vigoureux penseur et d'un écrivain de génie, Thomas Carlyle, dit quelque part : « Je me suis mariée par amour de la gloire. Carlyle a été au delà de mes rêves les plus ambitieux, et je suis malheureuse. N'épousez jamais un homme de génie. » Les hommes de génie ne se rencontrant pas à la douzaine, l'avis peut sembler superflu. Mais il n'y en a que trop qui se croient des génies, et prennent, à ce titre, toutes les libertés. Prétentions dues souvent à des mères trop tendres et peu sages, qui leur ont persuadé qu'ils n'étaient point faits de la même argile que le commun des mortels, et que trop heureuses seraient celles qu'ils daigneraient épouser. Puissiez-vous, jeunes femmes, être préservées d'un tel bonheur !

En Amérique, où les garçons sont plus nombreux que les filles, il semble que celles-ci soient à même de faire un choix facile et avantageux. Dickens nous a raconté l'histoire amusante d'une jeune miss qui, dans une traversée, se vit ardemment recherchée par cinq jeunes gens, passagers sur le même bateau. Elle inclinait au mariage, mais ne savait auquel des cinq donner la préférence. Témoin de son embarras, quelqu'un lui conseilla de se jeter par-dessus bord et d'épouser celui qui se jetterait après elle. Le lendemain, comme ses cinq amoureux étaient sur le pont, la suivant de regards admirateurs, elle se précipita dans la mer. Aussitôt quatre des jeunes gens plongèrent. Quand on les eût repêchés, elle dit au capitaine : — « Que vais-je faire d'eux maintenant, mouillés comme ils sont ? » — « Prenez le sec ! » suggéra le marin. Et ce fut, en effet, le cinquième qu'elle épousa, récompensant ainsi du même coup les quatre autres de leur dévouement.

Mais, dans notre vieux monde, on ne se voit guère réduit à de telles extrémités. L'embarras du choix consiste plutôt dans la pénurie que dans l'abondance des objets à choisir. « Je ne peux ni prendre qui je voudrais, ni refuser qui ne me plaît pas, » me disait une jeune personne, dans la position de beaucoup d'autres en France. Je tâchai de lui faire comprendre qu'avec un peu de patience le temps lui offrirait l'occasion qu'elle souhaitait sans vouloir l'attendre, mais qu'en tout cas mieux vaut mille fois pas de mari qu'un mari mauvais.

« J'estime autant un bon mari qu'un bon sénateur, » disait Caton. On ne court pas grand risque à l'estimer davantage ; aussi ne faut-il rien négliger pour en trouver un.

L'inclination, l'amour, voilà un argument sans réplique. « La vraie lumière est où l'on aime, » selon le mot de Michelet. Mais il faut savoir distinguer entre l'amour vrai et le caprice, cette contrefaçon de l'amour. Les médecins nous conseillent de manger toutes les choses pour lesquelles nous avons un véritable appétit, mais de nous abstenir résolument de toutes celles pour lesquelles nous n'avons qu'un appétit factice. Il doit en être de même dans la question du mariage. Le tout est de savoir discerner le vrai du faux. Grande et difficile affaire !

CHAPITRE VI

COMMENT ON TIRE PARTI D'UN MAUVAIS MARCHÉ

Pas un homme sur mille, dit-on, n'est capable de bien juger des qualités ou des défauts d'un cheval. Y en a-t-il un sur un million qui comprenne la nature humaine? Il n'est pas étonnant, en tout cas, qu'en dépit des précautions et de la prudence qu'on apporte à l'affaire du mariage, on fasse un mauvais choix. A plus forte raison quand il n'y a ni précaution ni prudence, et qu'on choisit sa femme comme Psammétichus choisit Rhodope, sur le vu de son petit soulier.

Pendant le temps qui précède le mariage, loin de chercher à se faire connaître l'un à l'autre, les fiancés s'appliquent presque toujours à se dégui-

4.

ser, comme s'ils voulaient se ménager, après la cérémonie, une surprise mutuelle, en se montrant leurs vraies figures.

D'un autre côté, les convenances et les obligations sociales épaississent encore le voile qui cache l'un à l'autre les futurs époux. Comment des jeunes gens, pris du matin au soir par le commerce ou par des fonctions exigeantes, auraient-ils la possibilité de faire un choix sage et raisonné ?

Tout le monde connaît la théorie de Platon sur le mariage. Les hommes et les femmes sont comme autant de moitiés de sphères ; les mariages mal assortis viennent de la réunion de moitiés appartenant à deux sphères différentes ; si les deux bonnes moitiés se rencontrent, la personne humaine devient complète et le bonheur de la vie est dès lors assuré.

Je l'ai trouvée enfin, Celle après qui mon âme
Brâmait, comme le cerf à l'approche du jour ;
Je l'ai trouvée enfin, cette idéale femme
Pour qui seule jamais je conçus de l'amour.

Tout en elle est marqué d'une sublime empreinte :
Son esprit sait planer sur les sommets de l'art ;
Son œil est rayonnant d'une charité sainte ;
Aux dons du Créateur nul n'eut plus belle part.

Et je l'aime ! et peut-être (ô mon Dieu ! l'espérance
Est si douce qu'il faut la permettre à mon cœur !)
Peut-être aurai-je un jour l'exquise jouissance
D'avoir mon âme unie à cette âme, sa sœur !

Elle est bien poétique pour être vraie, cette croyance qu'il existe, quelque part dans le monde, pour chaque homme une seule femme, et pour chaque femme un homme unique. Rarement ils se rencontrent au bon moment, hélas! S'il en était autrement, que deviendraient les fabricants de romans à sensation ?

Il arrive souvent que, peu après le mariage, on éprouve des désillusions d'autant plus cruelles que l'on s'était fait un idéal plus élevé. On est alors prompt à conclure qu'on s'est trompé, qu'on est la victime d'un mariage mal assorti. C'est une grave erreur, contre laquelle je ne saurais trop mettre en garde les jeunes époux. La satiété, combien de fois ne l'a-t-on pas dit, suit de près la possession. Pour n'être pas plus exacte que la plupart des affirmations courantes, cette maxime est d'une fréquente application, non seulement dans le mariage, mais dans toutes les circonstances de la vie. L'autre jour un petit garçon de quatre ans me disait gravement qu'il voudrait mourir. — « Et pourquoi ? » — « Oh ! pour changer, simplement. » — Il y a nombre de grands enfants qui ont un besoin continuel de changement et de variété.

Nous attendons trop de la vie en général, et de la vie conjugale en particulier. Dans les châteaux en

Espagne que nous bâtissons avant le mariage, nous imaginons une existence enchantée, le paradis sur la terre ; et quand la vie réelle présente ses peines et ses soucis, notre romanesque édifice s'écroule avec fracas, nous laissant dans la boue des trivialités de chaque jour.

Certaines gens se plaignent toujours, ne sont jamais contents,

On ne peut espérer qu'ils changent de caractère une fois mariés. Pourquoi seraient-ils satisfaits de ce côté — plutôt que d'aucun autre? On a dit plaisamment de ces sortes de natures qu'elles ne sont heureuses qu'à la condition d'avoir toujours des malheurs.

Un Juif avait trouvé un portefeuille bourré de billets de banque. Complimenté sur sa chance par un coreligionnaire de ses amis : « Vous appelez cela de la chance ! grommela-t-il. De la chance !... Tous des billets de cinq cents ; pas un de mille !... »

De telles gens trouveraient à redire à la femme la plus parfaite. Ils ressemblent à ce brave homme qui se plaignait que l'eau saine et pure dont on venait de doter sa ville ne ressemblât pas à l'ancienne, et n'eût ni goût ni odeur.

D'autres sont d'humeur indécise et vacillante. Tout désir contenté se change chez eux en regrets.

Dès le lendemain du mariage, ils jetteront de douloureux regards en arrière sur la vie de garçon qu'ils ont quittée, ou sur quelque idéal envolé qu'ils préfèrent à la réalité vivante et palpitante dont ils ont la possession. Pauvres gens qui ne savent pas, qui n'ont jamais su ce qu'ils veulent !

Supposons néanmoins que vous ayez fait un mariage réellement malheureux ; quel est le moyen de tirer de ce méchant marché le meilleur parti possible ? — Accepter ce qu'on ne peut éviter avec une calme énergie. Peut-être même dissimuler et feindre qu'on est heureux. Mais surtout ne prenez pas pour confident les parents et amis de votre femme. Rappelez-vous l'histoire de cet infortuné mari qui, chaque fois qu'il rencontrait son beau-père, se plaignait à lui du mauvais caractère et de la méchanceté de son épouse. A la fin, le beau-père, fatigué des récriminations de son gendre, s'écria : — « Vous avez raison, monsieur, c'est une impertinente coquine ; et si j'entends encore une autre plainte sur son compte, je la déshérite. »

On n'a, d'ailleurs, nul besoin de faire des confidences. Les discussions dans le ménage éclatent toujours assez au dehors, et quelquefois de la manière la plus désagréable et la plus inattendue. Gémir, en de tels cas, n'a rien de bien héroïque ;

on devrait avoir au moins l'honnête orgueil du silence.

« Ce gigot est trop cuit, dit un jour Swift, l'auteur de *Gulliver*, à son cuisinier. Remportez-le, et faites-le moins cuire. » — « C'est malheureusement impossible,n'en déplaise à Votre Révérence,» répondit le cuisinier. — « Que cela vous serve de leçon, alors ; et quand vous ferez des fautes, tâchez qu'elles ne soient pas irréparables. »

Le mariage est comme le gigot. Ce qui est fait n'est plus à défaire ; tant pis si le degré de cuisson ne convient pas.

Je ne parle pas du divorce, remède qui, dans nos mœurs, est presque toujours pire que le mal.

C'est une vieille maxime que, pour se quereller, il faut être deux. Si donc l'un des époux a un caractère violent ou acariâtre, c'est une raison pour l'autre d'être froid et réfléchi ; il maintiendra ainsi la paix domestique. Qui ne connaît l'histoire de Socrate ? Recevant de sa femme Xanthippe un seau d'eau sur la tête comme conclusion d'une violente querelle, il se contenta de dire tranquillement : — « Après le tonnerre la pluie. »

Si l'on veut apprendre à tirer le plus mauvais parti possible de l'état conjugal, on peut s'adresser au premier mari biblique, à Adam. Il se laisse tenter par Ève, puis, en vrai couard, s'efforce de rejeter sur elle toute la faute. Cette petite histoire s'est fréquemment répétée depuis.

Il est une autre fa on de rendre pires les mauvais mariages. Plus i amour diminue, et plus les défauts grandissent ; et lorsque l'amour est moindre, on s'exagère à soi-même les mauvais côtés du marché conclu.

Un boiteux était arrivé à deviner les dispositions de ses amis en observant laquelle de ses ambes ils regardaient tout d'abord, ou avec les plus de persistance. Pourquoi regard erions-nou de préférence la mauvaise jambe de notre associé dans la vie ? Car nous avons tous une mauvaise jambe ; nous sommes des êtres pétris de contradictions, ondoyants et divers, et pas un de nous n'est sans ridicules et sans défauts. Si les époux sont sensés et prudents, le mari ne les verra pas chez sa femme, ni la femme chez son mari.

Quand vous vous surprenez à vous plaindre du lot qui vous est échu en mariage, demandez-vous sincèrement si vous en méritez un meilleur ? Quel droit, quel titre avez-vous au bonheur domestique ou à toute autre espèce de bonheur. Ce n'est que quand nous avons cessé de croire que toutes les félicités nous sont dues, que nous sommes capables de supporter, d'un cœur tranquille et sa tisfait, notre part « du poids accablant de ce monde incompréhensible. »

J'ai connu des personnes qui se trouvaient toujours heureuses : quel que fût l'accident qui les frappât, elles se disaient qu'il eût pu être pire. Ce raisonnement fait merveille dans le mariage. D'autant plus que la résignation n'a souvent pas plus de mérite que celle de cet homme qui, attablé devant un dindon et un pâté, disait : « Il faut bien que je m'en contente. »

Supposez que toutes les misères qui affligent l'humanité, maladies, folies, deuils, pauvreté, emprisonnements, supplices, soient réunies et qu'on les partage également entre tous : voudriez-vous en avoir votre part, ou rester tel que vous êtes ? La réponse ne fait pas de doute : vous aimez mieux votre état. Eh bien, si les unions matrimoniales devaient se refaire, croyez-vous qu'il n'y aurait pas grande chance pour vous de tomber plus mal ?

Vous vous consolerez encore en considérant les peines des autres. Un misérable sans souliers a honte de se plaindre quand il en voit un autre qui n'a pas de jambes.

Un profond et doux penseur a dit qu'il y a une joie pénétrante à accepter une peine. Et en effet on ne sait pas, tant qu'on ne l'a pas éprouvé combien facilement toute déception se supporte. Les déceptions conjugales ne font pas exception. Quand on n'a pas trouvé dans le mariage tout ce que la confiance et l'audace de l'inexpérience et de l'amour en faisaient attendre, on peut encore, jusqu'à un certain point, être heureux, si l'on sait faire la part des circonstances et ne pas poursuivre, en face de la réalité, un impossible idéal.

CHAPITRE VII

ON EST MARIÉ

Les fiancés sont arrivés au jour solennel, souhaité et redouté, où va se former le nœud qui les liera définitivement.

Ils sont rares ceux qui voient se lever le jour des noces sans émotion. On en cite pourtant quelques-uns, le dernier duc de Sutherland, par exemple. Le matin de son mariage avec une des plus jolies femmes d'Angleterre, un de ses amis le rencontra devant la pièce d'eau d'une promenade publique de Londres, où il émiettait du pain aux cygnes et aux canards. — « Quoi! vous ici!... Je croyais que vous deviez vous marier aujourd'hui?... » — « Je le crois aussi, » répondit tranquillement le duc sans interrompre son intéressante occupation.

Mais pour la plupart, le mariage, — j'entends les cérémonies qui en constituent la consécration, — est une opération fort douloureuse et pour laquelle on prendrait volontiers du chloroforme.

Un honnête garçon avait eu recours à un anesthésique d'une autre sorte, et quand il se présenta devant le maire, avec sa fiancée, celui-ci dut remettre la cérémonie à une autre fois parce qu'il était affreusement gris. Quelques jours après ils revinrent, le futur dans le même état. Indigné et ne sachant à qui s'en prendre, le magistrat, en ajournant le couple à nouveau, adressa une verte semonce à la fiancée pour oser se présenter devant son écharpe avec un prétendu pris de vin. — « Hélas ! monsieur, dit celle-ci, quand il est à jeun, il ne veut pas venir ! » — La vérité probable est qu'il ne le pouvait pas, tant la cérémonie lui paraissait redoutable et impossible à affronter. Il buvait pour se donner du cœur ; et il ne se sentait du cœur que lorsqu'il n'avait plus de jambes.

La surexcitation, l'énervement particulier à ce jour-là produit les effets les plus bizarres. On raconte à ce sujet une bonne histoire, qui aurait eu pour théâtre la salle des mariages d'une mairie de la banlieue. Deux couples, chacun suivi de leur noce, attendaient leur tour dans la salle lorsqu'un des fiancés vit, ou s'imagina qu'il voyait sa future faire « les yeux doux » à l'autre aspirant-mari. De nature jalouse, il saisit la jeune fille par le bras et lui dit brusquement : — « Mademoiselle, à qui êtes-vous fiancée ? C'est à moi, je suppose. Veuillez donc réserver vos regards pour moi seul. » — Blessée d'une sortie si véhémente et qu'elle trouvait déplacée, la jeune personne répliqua vivement : — « Ah ! monsieur, si vous êtes déjà jaloux, cela me présage une belle vie ! » — Il riposta, les voix s'élevèrent, l'autre fiancé voulut intervenir ; la querelle, malgré les efforts du maire, devint générale : les hommes se prenaient au collet ; les deux femmes se lançaient l'une à l'autre des accusations de perfidie entrecoupées de sanglots convulsifs ; ce fut à grand'peine qu'on parvint à les entraîner au dehors pour se calmer, pendant que le maire suspendait la séance. Au bout d'une demi-heure l'accord était fait, et l'officier municipal eut, comme il avait été convenu, à célébrer deux mariages. Seulement il s'était opéré un chassé-croisé : le jaloux épousait la fiancée de l'autre, et celui-ci celle qui lui avait fait les yeux doux.

Je ne prétends pas que ce récit ne contiennent pas quelques invraisemblances, ou même quelques impossibilités ; mais, *si no é vero...* !

Quelque peu ordinaire que soit la cérémonie du mariage, et quelques obligations qu'elle impose, le caractère des hommes énergiques se révèle souvent ce jour-là par des traits curieux et inattendus. Les enregistreurs d'anecdotes nous en ont conservé quelques exemples.

Le plus fameux critique anglais du siècle dernier, le docteur Johnson, est resté célèbre pour son caractère entier et dominateur. Il allait à cheval, en compagnie de sa future, de Birmingham à Derby, où leur mariage devait avoir lieu. « Elle avait, raconte-t-il lui-même, lu les romans de chevalerie, et cette lecture lui avait mis dans la tête l'idée qu'une femme intelligente doit traiter son amant comme un chien. Elle me dit d'abord que j'allais trop vite. Je ralentis l'allure de mon cheval. Alors elle me reprocha de traîner derrière. Je n'étais pas de nature à me faire l'esclave de ses caprices, et je résolus de me montrer tel que je voulais être jusqu'à la fin. Je poussai vivement mon cheval, et la laissai loin derrière moi. La route se déroulait entre deux haies ; il n'y avait pas de danger qu'elle se perdît. Lorsque je crus qu'il était temps, je m'arrangeai pour me laisser rejoindre, et je m'aperçus qu'elle pleurait. » Malgré ce prologue un peu vif, jamais personne n'aima ni ne regretta sa femme plus que le docteur Johnson.

Le jour de ses noces, Pasteur était absent à l'heure indiquée pour la cérémonie. On le cherche, et on le trouve dans son laboratoire, le tablier aux flancs, très affairé. Il se fâche contre les intrus, et déclare que son mariage peut attendre, mais que ses expériences ne le peuvent pas.

Dans l'Inde, paraît-il, il en coûte autant à un père de famille qui marie sa fille que s'il avait sa maison brûlée. Ce n'est peut-être pas aussi cher chez nous ; cependant on dépense, pour les préparatifs et pour la cérémonie même, beaucoup d'argent qui serait le plus souvent bien utile au jeune ménage un ou deux ans plus tard.

Ce n'est pas que je conseille de supprimer les réjouissances du jour des noces et le trousseau de la mariée. Mais je pense que tous ces accessoires doivent être proportionnés aux ressources financières de la famille. De même pour les présents, qu'il est d'usage d'offrir dans presque tous les pays : que de choses inutiles, ou qui font double emploi avec ce que le jeune couple possède déjà !

Mais je ne veux pas insister. Adieu, jeunes amis! Que l'amour et la joie vous accompagnent !

CHAPITRE VIII

LA LUNE DE MIEL

Au sens étroit, on entend par lune de miel le premier mois après le mariage, lorsque tout est encore tendresse et plaisir. Certes, ce doit être le mois le plus heureux de l'existence ; mais encore faut-il en savoir tirer parti. Comme toute bonne chose, on le gâte en en mésusant. Au lieu d'être une période de joie, la lune de miel n'est alors qu'un temps de tristesse, qui ne laisse dans la mémoire que le regret des espoirs déçus.

Voici un homme et une femme qui, — bien qu'ils s'imaginent généralement le contraire, — se connaissent fort peu l'un l'autre. La femme est séparée de sa famille et de ses amies ; l'homme est arraché à ses affaires et à ses distractions habituelles ; et l'on condamne ce couple infortuné à un mois de tête-à-tête exclusif et forcé ! S'ils font un voyage de noce, l'homme a bientôt des paysages et des monuments par-dessus la tête, et la femme tombe malade de fatigue et de surexcitation.

Un nouveau marié avait choisi la Suisse pour but de son voyage de noce. Arrivé au milieu des Alpes, il offrit à son épouse le plaisir d'une ascension sur l'un des pics les plus élevés. La jeune femme, qui n'était jamais montée plus haut qu'un clocher, eut le vertige aux premiers précipices : il fallut lui bander les yeux et la faire porter par les guides. Son mari marchait près d'elle, lui reprochant doucement et maladroitement sa frayeur. — « Tu me disais, Éléonore, que tu serais toujours heureuse, n'importe où, pourvu que je fusse auprès de toi. Tu n'as pas l'air heureux maintenant, et pourtant je ne te quitte pas... » — « Ah ! Charles, quand je disais cela, je ne pensais pas que nous franchirions la ligne des neiges. »

De tels voyages sont ce qu'il y a de plus propre à faire ressortir les angles blessants des caractères. Des différences d'humeur, qui auraient pu rester cachées pendant des années, se manifestent ainsi dès les premiers jours.

La fable de la chatte métamorphosée en femme est vieille comme le monde. Il faut prendre garde de ne pas réveiller l'animal endormi et de ne pas lui faire regretter la métamorphose. Ces excursions commandées par la mode, en fournissent mille occasions.

Ce que je dis de la femme n'est pas moins vrai de l'homme. Il y a une bête féroce ou brutale au fond de chacun de nous. Appelons-la lion, si vous voulez. Il ne faut pas réveiller le lion qui dort.

Et comment voulez-vous que le somme du félin ne soit pas interrompu cent fois, pendant ce premier mois de vie conjugale, où les époux courent d'une grande ville à l'autre, visitant les monuments et les musées, par toutes les températures, souvent avec l'inconsciente mais profonde aversion de l'art et de l'antiquité. La jeune dame cède à la fatigue et est prise d'une violente migraine. L'époux trouve d'abord douce la tâche de soutenir la tête de sa bien-aimée ; mais comme celle-ci, impatiente et énervée, répond avec humeur à ses questions inquiètes, il devient a son tour moins aimable ; l'enchantement, l'éblouissement de ses yeux et de son cœur s'efface ; l'enthousiasme du fiancé disparaît, pour ne laisser place qu'aux sentiments d'un mari désabusé.

En hiver, la lune de miel est encore plus dangereuse. Les jours sont courts, le temps mauvais ; il faut rester au même lieu. Qu'on se figure le charme d'un mois passé à l'hôtel, dans une ville inconnue, où l'on n'a d'autre occupation que de faire faire sa photographie, passe-temps cher aux jeunes mariés. Il pleut, il neige ; contre l'ennui, la seule ressource est d'écrire à ses amis de longues lettres dithyrambiques où l'on chante les bonheurs du mariage, à moins de s'abonner à un cabinet de lecture et de lire des revues, dont on ponctue les passages tendres par un baiser. Il arrive qu'au bout d'une semaine, ces plaisirs sont insuffisants ; et je sais tel commerçant qui fit venir en cachette le journal et le grand-livre de sa maison, pour se distraire, le soir, en en vérifiant les écritures.

Lorsque Jean-Pierre et sa bonne amie ont clos la pastorale de leurs amours en se faisant unir à la mairie et à l'église du village, les mariés, suivis des *noceux*, se promènent dans leurs plus beaux atours, se régalent autour d'une table plantureuse; puis la fête terminée, ils s'installent aussitôt chez eux, dans le confort conjugal. Pourquoi les riches se refusent-ils le même bonheur, et se créent-ils des peines spéciales ? Pourquoi entasser, pendant les premières semaines de leur mariage, les désagréables souvenirs de bévues irritantes, de malles qui ne ferment pas, de trains manqués, d'excursions fatigantes, de soleil accablant, de migraine, et de toute cette inutile et fébrile agitation des voyages de la lune de miel ?

Quel besoin d'excitation factice peut-on bien avoir pendant cette période ? N'est-on pas amoureux ? — Si on ne l'était pas, ce serait à avoir honte de soi-même. — Et si on l'est, l'amour ne suffit-il pas? Il y a quelques jours, on ne voyait l'objet de sa tendresse que par intervalles, par accès, si je puis dire, et voilà qu'aujourd'hui on le possède tout entier, à soi seul et toujours ! Qu'ont à faire, dans cette joie, la Tour penchée de Pise ou le Dôme de Saint-Pierre de Rome ?

Oui certes, quand on ne le gâte pas à plaisir, le temps de la lune de miel est un temps heureux entre tous. C'est l'unique et délicieux moment où l'on passe dans une vie nouvelle, sans regrets d'un côté, et avec les plus vastes espoirs de l'autre. Malheur à celui qui n'en a pas gardé de charmants et doux souvenirs ! Ils doivent illuminer tout le reste de la vie d'une lueur d'aurore.

C'est dans les régions enchantées de l'idéal que sontbons les voyages, au temps de la lune de miel. S'égarer dans les îles d'Utopie qu'habitent les joies gracieuses, les allégresses intimes, les vives et pénétrantes tendresses, les amours heureux, et que l'on parcourt dans un embrassement, voilà qui convient mieux que de trotter sur la face du globe. Ne croyez-vous pas que le livre de vos cœurs est plus intéressant à feuilleter que les *Indicateurs* de la maison Chaix ?

Je sais bien que les partisans du voyage de noce ne manquent pas d'arguments. On est constamment ensemble ; point d'importuns, point d'amis ni de parents se mettant en tiers, et qui, en de tels moments, sont toujours des fâcheux. C'est le vrai moyen de se connaître à fond du premier coup, d'établir dès le commencement une intimité qui, dans le courant de la vie ordinaire, serait retardée par mille obstacles. Rien ne prépare mieux aux devoirs que l'on aura à remplir l'un vis-à-vis de l'autre ; rien ne les rend plus légers et plus doux. Nous ne parlons pas des curiosités indiscrètes, des plaisanteries de goût douteux, que l'on évite en s'éclipsant le soir même du mariage.

Et bien font-ils de n'en point parler. Ni la curiosité, ni la plaisanterie ne sont désarmées par un voyage, qu'il soit de huit jours ou de six semaines. Au retour, l'on a à subir les mêmes regards, les mêmes questions, pleines d'une sollicitude narquoise, sur votre santé et sur votre sommeil, les mêmes réflexions sur les yeux cernés et les traits battus, les mêmes mots à double entente, dont les autres rient et dont vous rougissez. On a reculé pour mieux sauter. Quant à l'argent dépensé, au temps perdu, à la fatigue, si dangereuse pour une femme hier encore jeune fille, aux scènes irritantes, à l'ennui mortel qui se dégage de toutes ces choses que l'on se donne tant de peines pour voir, bien qu'elles vous importent peu, — les avocats des charmes de la grande route, du compartiment de première classe et des lits d'auberge, les ignorent ou les tiennent pour valeurs négligeables. Libre à eux ; mais libre à nous aussi de ne pas les en croire.

Pour ne pas heurter de front la mode et l'usage, je m'arrêterai à cette formule : En fait de voyages de noce, les meilleurs sont les plus courts.

CHAPITRE IX

LES VŒUX DU MARIAGE

La lune de miel a pris fin. Les devoirs ordinaires de la vie s'imposent aux jeunes mariés. C'est maintenant qu'il faut faire l'effort suprême pour garder vivace en son cœur, l'idéal du mariage. C'est maintenant qu'il faut réfléchir aux promesses, aux vœux que l'on a prononcés en se mariant, et dont l'enivrement de l'amour victorieux n'a guère permis de sentir l'importance.

Un fiancé ayant à répondre à la question ordinaire : « Prenez-vous pour femme, etc... » s'écria avec enthousiasme : — « Oui, j'y renonce! » — Il croyait qu'il s'agissait de Satan et de ses pompes, comme à la rénovation des vœux du baptême.

Lord Byron raconte, dans une de ses lettres, l'histoire d'un Juif distingué, fort répandu dans le grand monde, et qui avait, en conversation, la manie de vouloir aller au fond des choses, en poursuivant de questions son interlocuteur. Quelqu'un parlait amèrement devant lui de la façon dont le Prince Régent traitait alors ses anciens compagnons de plaisir. — « Et pourquoi le prince en agit-il ainsi ? » demanda le Juif d'un bout de la table à l'autre. — « Parce que lord *** n'a pas eu honte de lui dire telle et telle chose. » — « Mais pourquoi, le prince vous tient-il en disgrâce, monsieur ? » reprit l'obstiné questionneur. — « Parce que je suis resté fidèle à mes principes. Oui, monsieur, parce que je suis resté fidèle à mes principes, » répondit l'autre, croyant la réponse péremptoire et l'interrogatoire à sa fin.—« Et pourquoi êtes-vous resté fidèle à vos principes ? » demanda encore le Juif, aux éclats de rire de tous les convives, égayés moins par l'insistance interrogante du fils d'Israël, que par son impuissance à concevoir qu'un homme pût rester fidèle à ses principes simplement parce qu'il les croyait justes.

Manque-t-il de gens, dans la plus haute comme dans la plus basse condition, aussi incapables de concevoir qu'ils doivent garder les vœux du mariage, simplement parce qu'il est mal de les violer ?

Une mère s'alarme de la santé de sa fille, qui dépérit chaque jour. Elle consulte un savant médecin. Celui-ci s'enquiert des habitudes journalières, de la manière de vivre de la jeune fille ; il ausculte, sthétoscope à l'oreille, le cœur et les poumons, et relève la tête avec un soupir. La mère, pâle d'anxiété, attend son verdict. — « Madame, prononce-t-il, votre fille est gravement atteinte d'un mal que, faute d'un meilleur nom, j'appellerai l'ennui. Je n'ai point de remède pour cette maladie ; mais peut-être est-il en votre pouvoir de la guérir. » — La mère a compris ; ce que le médecin lui a discrètement conseillé, c'est de marier sa fille ; car de quelle autre manière la distraire de cet ennui ? Elle ne sait rien faire d'utile ; elle a été élevée, non sans raison, dans l'idée que sa grande mission était d'être épouse. On la marie, à la hâte, au hasard, avec un homme à qui elle ne peut donner ni amour, ni respect, ni obéissance. Remède pire que le mal. Autant lui vaudrait de s'adonner au jeu ou à la boisson.

Il est assez naturel que, dans de telles circonstances, les promesses qu'elle a faites en prenant son médicament, je veux dire son mari, soient ce qui la préoccupe le moins.

A plus forte raison en sera-t-il de même si l'on contrarie les inclinations de la jeune fille et si on l'oblige à se marier contre son gré. — « Voulez-vous prendre un tel pour mari ? » demandait, ceint de son écharpe et le code en main, le magistrat municipal à l'une de celles-ci. — « Dieu ! non, monsieur, répondit-elle avec candeur ; mais vous êtes la première personne qui m'ait jamais demandé mon avis là-dessus. »

— « J'ai appris le mariage de votre fille, madame. Permettez-moi de vous féliciter de cet heureux événement ! » — « Vous êtes trop bonne, madame. En effet, nous n'avons pas lieu d'être mécontents. Il est vrai que Jeanne ne se sentait aucun goût pour son mari ; mais c'est une union parfaite comme convenance, et tout ce que nous pouvions désirer s'y trouve réuni. » — N'entend-on pas ce langage tous les jours, et n'est-ce pas à faire peine et pitié ?

Que cet ancien du paganisme comprenait mieux la grandeur, la sainteté du mariage, lorsqu'il écrivait à la tante de celle qu'il venait d'épouser : « Ma femme a beaucoup d'esprit, et beaucoup de réserve ; elle m'aime, ce qui est le gage de sa vertu. A cela, elle ajoute le goût des lettres, qu'elle a pris par amour pour moi. Elle a entre les mains mes petites productions, elle les lit sans cesse, elle les apprend par cœur. Quelle inquiétude ne montre-t-elle pas avant mes plaidoyers ! Quelle joie après ! Elle a des gens pour lui annoncer les marques d'assentiment, les clameurs que je soulève, l'issue du jugement que j'obtiens. Elle-même, quand je donne une lecture, se tient à proximité, derrière un rideau, et reçoit d'une oreille avide les louanges qu'on me donne. Elle chante mes vers, en s'accompagnant de la cithare, sans l'avoir appris que de l'amour, le meilleur des maîtres. Toutes ces choses me donnent l'espérance très assurée que l'harmonie sera constante entre nous, et grandira encore avec le temps. En effet, ce n'est pas ma jeunesse, ni mon corps, choses caduques et périssables, c'est ma gloire qu'elle chérit (1). »

Les époux se doivent mutuellement fidélité, secours et assistance. Le mari doit protection à sa femme, et la femme obéissance à son mari.

Cette formule, d'accord avec la loi religieuse et la loi naturelle, implique que la première condition à remplir par les époux c'est de s'aimer l'un l'autre, et de s'aimer dignement.

(1) Pline le Jeune à Hispulla ; l. IV, lettre XIX.

« Légitime, écrit M. Paul Bourget, l'amour est l'élément premier de la famille, partant des vertus que la famille exige, partant de la société entière, dans ce que cette société a de réel et de solide. »

Il n'y a point d'amour digne de ce nom sans respect.

La femme, être plus faible dont la tâche est si lourde, a droit au respect de l'homme. Partout où il lui est refusé, la barbarie est dans les mœurs. Mais ce ne sont pas seulement les égards chevaleresques dus par le fort au faible et par tout homme à toute femme, que l'épouse est en droit d'attendre de son mari. Celui qui honore véritablement sa femme le montre dans toutes ses actions. Jamais un mot de blâme, direct ou indirect, n'échappe de ses lèvres, lorsqu'il parle d'elle. Jamais un de ses actes ne peut faire soupçonner qu'il y ait le moindre désaccord entre eux. Elle est la reine du foyer. Tous ceux qui les entourent savent qu'il met l'autorité de sa femme au-dessus de toute contestation, qu'il regarde toute volonté d'elle comme une loi. Grâce à son exemple, enfants, amis, domestiques entourent également la maîtresse de la maison d'un tendre respect. Il fait en sorte que son énergique volonté d'homme ne heurte en aucun cas celle de sa compagne, et, sans jamais se montrer faible, les hommages qu'il lui rend font de leur union une source intarissable de pur bonheur. De son côté, la femme doit respecter et honorer son mari. S'il est bon, il y trouvera un stimulant à continuer de l'être. Tant qu'on lui montrera du respect, il se mettra en peine de le mériter; mais le jour où ce respect lui manquera, la tentation sera grande de cesser des efforts mal récompensés. Une manière assurée de rendre les hommes meilleurs qu'ils ne sont, c'est de leur témoigner plus de considération qu'ils n'en valent, a dit un moraliste. Voilà une maxime à méditer par les femmes qui trouvent dans leur mari une réalisation trop lointaine de leur idéal.

Il y a des intérieurs où la misère n'a jamais fait sentir son atteinte, où la maladie et le deuil ne se sont jamais arrêtés; des intérieurs où règnent la santé et l'abondance, et qui, pourtant, sont hantés par un spectre plus hideux que la mort, où les cœurs sont mordus et rongés par un impitoyable cancer. Pourquoi ces épaules courbées dès le matin de la vie? Pourquoi le soupir qui suit le mari, lorsqu'il sort, est-il un soupir de soulagement, et celui qui accueille le bruit de son pas au retour un soupir d'effroi? Que veut dire cette main qui comprime nerveusement les battements du cœur, cette gorge sèche qui se contracte, cette larme difficile à refouler ? Toute cette muette et triste éloquence pourrait se traduire à peu près ainsi : « Est-ce là la Terre Promise, cette terre de lait et de miel que se peignait mon imagination ? Est-ce pour cela que j'ai donné ma jeunesse, ma beauté, mon amour, — tout ce que peut donner une jeune fille dans l'excès de sa confiance et de sa foi ? Un ton dur, des regards froids, des paroles sévères, des réponses brèves, une réserve morose, voilà ce que je reçois en retour ! » — Eh ! quoi ! dira un insouciant heureux ; n'est-ce que cela ? — Que faut-il donc de plus pour assombrir le foyer domestique, pour empoisonner l'espérance, pour jeter un voile funèbre sur la vie, pour faire de la robe de mariage un linceul, et de la tombe un refuge ?

On s'est promis fidélité. Est-ce tenir sa promesse que de revenir auprès de sa femme lorsque tous les lieux de plaisir sont fermés, ou qu'on a dépensé tout son argent, ou qu'on n'a plus personne autre à qui parler ? Les maris ne sont pas rares qui vivent ainsi en dehors de chez eux, et, par un triste mais naturel retour, l'on n'aurait pas de peine à citer des femmes qui, comme Mme Benoîton, sont toujours sorties.

Cette question du séjour à la maison est, d'ailleurs, un peu complexe. Beaucoup d'excellentes ménagères aiment mieux, à certaines heures, leur mari dehors que dedans. Elles sont assez généralement disposées à l'expédier dès le matin, et à ne désirer son retour que vers le soir : il rapporte alors des nouvelles, et la mère est sûre d'avoir à raconter quelque trait merveilleux et étonnamment précoce de monsieur ou de mademoiselle bébé. Les hommes qui restent toute la journée chez eux deviennent impatients, taquins, tatillons, se mêlant de tout, — au total, insupportables.

Là encore il y a une mesure qui varie avec les personnes et les circonstances, et qu'il appartient au mari d'avoir le tact de ne pas dépasser.

Les époux se doivent constance.

C'est surtout dans le malheur ou dans le danger que la femme remplit ce devoir avec éclat. Sans remonter à la légende d'Éponine et de Sabinus, sans ressasser les exemples de dévouement héroïque qui appartiennent à l'histoire et que tout le monde connaît, je citerai une anecdote qui sera nouvelle pour la plupart des lecteurs. Un des romanciers les plus populaires des États-Unis, Nathaniel Hawthorne, était, au début de sa carrière, employé dans une administration qui, un beau jour, lui notifia qu'elle n'avait plus besoin de ses services. Il n'avait d'autres ressources que son traitement. Il rentre chez lui, le cœur gros ; à peine a-t-il la force d'apprendre la fatale nouvelle à sa jeune femme, inquiète de l'altération de ses traits. Aussitôt celle-ci allume un beau feu, gai et flambant ; elle apporte devant lui du papier, des plumes et de l'encre, et, le visage rayonnant, dit à son désolé mari : — « Enfin ! tu vas pouvoir écrire ton livre ! » — Le nuage se dissipa sur le front du jeune homme. Le bureau qui se fermait pour lui ne lui apparut plus que comme une prison d'où il se serait évadé. Sans désemparer, il écrivit *La Lettre rouge,* un chef-d'œuvre dont l'immense succès récompensa délicieusement son énergique et tendre femme.

J'emprunte à Sainte-Foix une autre anecdote où la lutte d'héroïsme est touchante entre le mari et la femme. « Robert, fils de Guillaume le Conquérant, ayant été blessé d'une flèche empoisonnée, les médecins déclarèrent qu'il ne pouvait guérir qu'en faisant promptement sucer sa blessure, et que celui qui la sucerait en mourrait. — Mourons donc, dit-il. Je ne serai jamais assez injuste et assez cruel pour souffrir que quelqu'un meure pour moi en suçant ma plaie. — Sa femme prit le temps de son sommeil, suça la plaie et perdit la vie en la sauvant à son époux. »

Le mari doit protection à sa femme.

Insister sur ce point me semble inutile. Je ne veux pas croire qu'il y ait des lâches en France. Je préfère citer le passage suivant d'un écrivain bizarre, souvent dangereux, mais qui, tout en se laissant entraîner par le vice, connaissait et honorait la vertu.

« La femme, a dit Restif de la Bretonne, est un être qui, uni à l'homme, fait un tout complet : l'homme doit à la femme défense, subsistance et tendresse ; la femme, de son côté, doit attachement, douceur et soumission, pour se concilier de plus en plus son protecteur. La femme est délicate, faible ; elle a des grâces touchantes ; le son de sa voix même est intéressant ; l'état où elle doit naturellement se trouver quand elle est unie à son mari augmente encore sa faiblesse et le besoin qu'elle a de secours : voilà les droits les plus assurés que la nature lui a donnés sur le cœur de l'homme, son chef et son maître. Elle est son bien, mais c'est un bien qui souvent est plus cher et plus précieux à l'homme que sa propre existence : le mari le plus lâche, celui qui reçoit en tremblant les dégradations les plus humiliantes, s'enflamme dès qu'il voit outrager sa femme : il devient un lion furieux qui s'élance, renverse et déchire. »

La promesse d'obéissance est celle dont on fait

le meilleur marché. Beaucoup de femmes en plaisantent, et aiment à déclarer qu'elles ont toujours été résolues à ne point la tenir. Il y a bien là dedans quelque fanfaronnade, et celles qui protestent le plus haut ne sont pas les moins raisonnablement soumises à leur mari.

Deux enfants jouaient ensemble au bord de la mer. Le petit garçon dit à la petite fille : — « Veux-tu être ma femme ? » — « Oui, dit la petite fille après un instant de réflexion. » — « Alors, reprend l'homme en herbe, tire-moi mes bottines. »

Si l'on entendait ainsi l'obéissance due par la femme, celle-ci aurait grandement raison de vouloir s'en affranchir. Il n'y a pas très longtemps, en certains pays, — et la coutume subsiste peut-être encore en Russie, — le fiancé, le jour du mariage, apportait un fouet à l'église et en frappait légèrement le dos de sa femme, en signe de son autorité sur elle. Mais chez nous la femme n'est ni une bête de somme, ni une esclave. Ce n'est même pas « une esclave qu'il faut savoir mettre sur un trône, » comme l'a dit Balzac. Elle est l'égale de l'homme, appelée par sa nature à des fonctions différentes, et soumises, par conséquent, à des devoirs spéciaux.

La femme est le cœur de la famille ; l'homme en est la tête. C'est à lui que reviennent le maniement des affaires au dehors et la direction générale au dedans.

D'ailleurs, qu'on ne s'y trompe pas, c'est, en définitive, la femme la plus douce et la plus soumise qui commande le plus sûrement. Un poète étranger a dit : « Comme la corde est à l'arc, ainsi la femme est à l'homme ; elle lui obéit, mais elle le tend ; elle le suit, mais elle le retient, et, l'un sans l'autre, tous deux sont impuissants. »

Surtout, que jamais cette question de prédominance et de commandement ne s'élève entre les époux. Quand on s'aime, c'est à qui servira le mieux l'autre. Dès qu'on se querelle sur la question de savoir qui donnera des ordres, c'est que l'amour s'envole ou a déjà disparu.

CHAPITRE X

L'AMEUBLEMENT

On n'en est pas à discuter l'influence des milieux. « Une chaumière et son cœur, » cela s'est chanté et se dit encore. Mais dès qu'on a « son cœur, » on voudrait le loger dans un palais. Sans rien outrer, il est certain que le confort et l'élégance de l'habitation affinent et élèvent le caractère des habitants. Ce n'est donc pas assez que la maison des nouveaux mariés soit l'asile du repos, de la paix, de la sympathie et de l'amour ; le bon goût, le sens du Beau doit avoir présidé à tous les détails de son agencement. La constante présence du laid et de l'incommode émousse la sensibilité et ravale l'âme. Lorsqu'on dit que telles personnes vivent dans une « atmosphère de bonheur, » on ne fait pas une simple métaphore. Le bonheur a son air ambiant propre, hors duquel il dépérit et meurt. Cela est surtout vrai de ce bonheur si précieux, mais essentiellement délicat, fugace et périssable, qui s'appelle le bonheur conjugal. A ce point de vue, il n'est pas hors de propos de dire deux mots de l'ameublement de la maison où vivront les époux qui veulent être heureux.

Le bonheur est comme un grand édifice construit avec de petites pierres. Chacune à part n'est rien ; mais mises ensemble et disposées avec art, elles forment un harmonieux monument.

On l'a dit : c'est en s'appliquant aux petites choses qu'on acquiert le grand art de laisser pénétrer dans sa vie le moins de misère et le plus de félicité possible. La question de savoir d'après quels principes on arrangera et on garnira son nid est donc loin d'être indifférente.

L'achat du mobilier est souvent une grande cause d'anxiété pour les jeunes mariés. Il me semble cependant qu'il y a moins à s'en inquiéter aujourd'hui qu'autrefois. On se meuble à meilleur marché, et il n'est plus de bon ton d'avoir dans les appartements cette quantité de grosses pièces massives qui passaient jadis pour nécessaires. Aujourd'hui la mode est aux petits meubles élégants.

Quelques chaises légères, de tailles et de formes variées, un petit canapé, une ou deux petites tables, un parquet ciré avec un tapis carré au centre, des rideaux peu coûteux, mais bien drapés, aux fenêtres, — que faut-il de plus dans le salon d'un jeune ménage ? J'oubliais le piano, inévitable, je le crains ; mais il est facile de l'avoir à loyer, ou de l'acheter à tempérament.

Que les jeunes gens ne regrettent pas trop de n'avoir pas au début toutes les facilités pécuniaires qu'ils pourraient souhaiter. C'est un grand bien pour eux qu'ils soient obligés d'économiser dès les premiers temps. Plus tard, quelque riches qu'ils deviennent, ces habitudes d'ordre ne se perdront plus.

Qu'importe que leur mobilier soit un peu maigre, et que toutes les pièces n'en soient pas neuves ? Une femme de goût sait recouvrir à peu de frais les choses communes et défraîchies, et tout le bric à brac des présents de noce est là pour combler les vides trop apparents et orner les endroits trop nus.

En vérité, je plaindrais nos jeunes gens s'ils avaient du premier coup tout ce dont ils ont besoin. Quel prix perd la vie lorsqu'on n'a plus rien à désirer, et qu'ayant assez, on n'éprouve plus de plaisir à ajouter à ce qu'on a !

On aura sans doute des tableaux à suspendre

aux murailles, peut-être des photographies. Je ne serais pas surpris s'il se produisait à ce propos quelque divergence d'opinions entre les époux. Qu'ils soient l'un et l'autre bien persuadés qu'il vaut mieux n'avoir point de tableaux que d'en avoir de mauvais. Quant aux photographies, il est bien rare que celles qui représentent des paysages puissent faire figure ailleurs que dans un album; cellesqui sont des portraits de membres de la famille,rien n'empêche de les exposer, si elles ont une véritable valeur artistique ; mais c'est cette unique considération, et non l'affection que l'on porte aux modèles, qui doit nous influencer.

N'avoir chez soi que ce qu'on sait utile ou qu'on croit beau,voilà une règle excellente. Notre amour de l'art, notre goût doit éclater dans tout ce qui nous entoure, et nous guider dans le choix des plus minces bagatelles. Avoir des objets jolis et de bon goût ne coûte pas plus cher que d'en avoir de laids ; il est vrai qu'il en coûte beaucoup plus de peine pour se les procurer.

Cherchons surtout la simplicité, l'adaptation au but, l'harmonie des couleurs. En entrant dans une pièce, il faut que le premier sentiment soit : — Qu'il fait bon ici ! — et le second, à mesure que l'on regarde autour de soi pour s'expliquer le premier : — Comme c'est joli ! — Là encore revient la fameuse formule : Ni trop, ni trop peu. L'art suprême est de cacher l'art. Dès que l'affectation s'introduit, la beauté s'en va. Mais, tout en n'admettant rien de bizarre et de choquant, nous répandrons dans nos appartements comme le reflet de notre individualité. Jamais ils n'auront l'air d'avoir été meublés à forfait. Le goût particulier du propriétaire s'y produira partout.

Évitons ce qui sent la pacotille ; que tout ce que nous avons soit de bonne fabrication et de bonne qualité. La bonne marchandise est encore celle qui coûte le moins, et c'est de l'économie que de s'adresser à des ouvriers habiles et à des maisons qui ont une réputation à garder.

— « Quelle est la femme ? » — disait George IV d'Angleterre, lorsqu'il apprenait quelque crime. Est-ce à ce souverain que le Jackal d'Alexandre Dumas avait emprunté son exclamation : Cherchez la femme ! je ne sais ; mais c'est une question qui vient naturellement quand on entre dans un salon. Quelle est celle dont l'esprit et les doigts ont su arranger tous ces riens de manière à produire un effet si charmant ?

Je suppose, bien entendu, que la tête de la maitresse de la maison est elle-même bien meublée ; car si elle ne contient pas une certaine somme de bon sens, de goût et de faculté d'observation, les résultats s'en feront bientôt sentir d'une façon fâcheuse dans son intérieur.

Le salon doit être une pièce dont on puisse se servir, et non uniquement un appartement d'apparat. Il faut qu'il soit propre, mais non de cette propreté qui glace parce qu'on y voit trop l'effort. L'élégance et la netteté de l'intérieur sont, avant tout, choses de besoin intime et de satisfaction personnelle. La maîtresse de maison se plait à elle-même par là, avant de songer à plaire aux autres. Robinson Crusoé, absolument seul dans son île, fit de son mieux pour changer sa caverne en une demeure agréable aux yeux. C'est que Robinson Crusoé était une parfaite femme de ménage. Cette coquetterie envers soi-même est saine et de bon aloi. A plus forte raison dans la famille, où elle a aussi pour objet le mari. Quoi de plus touchant que le soin gracieux d'une femme dont la table est toujours gentîment ornée de fleurs, même quand son mari est seul à avoir l'honneur de dîner avec elle ?

Meubler la cuisine est une besogne ennuyeuse et, à un certain point de vue, ingrate. Les ustensiles de cuisine coûtent cher et font peu d'effet. D'un autre côté, il n'est ni facile, ni bien amusant de distinguer entre ceux dont la cuisinière a un besoin réel et ceux qui ne lui sont nécessaires qu'en imagination. Mais ce n'est pas chose à traiter légèrement. Si le cordon bleu n'est pas muni de tout ce qui lui est vraiment utile, on perdra un temps hors de proportion avec le travail à faire. La cuisinière est un personnage important dans la maison, et les jouissances de l'intérieur dépendent, pour une bonne part, de son adresse et de son humeur.

Il faut dans la cuisine une bonne horloge qui ne permette pas les malentendus sur l'heure des repas ; et, puisque nous parlons d'ameublement et de domestiques, il est bon d'apprendre aux servantes à tenir dans un parfait état de propreté les chambres qu'on leur assigne.

Les notions de salubrité que nous possédons aujourd'hui ont fait justice des rideaux de lit et des épais tapis de chambre à coucher. Courtines et tentures emmagasinent la poussière, et la poussière recèle des germes de maladies. S'il y a, dans les chambres à coucher, quelques bandes de tapis devant les meubles et le long du lit, il faut qu'il soit aisé de les enlever, de les secouer et de les battre à l'air.

L'air, voilà ce qui est surtout nécessaire dans une chambre à coucher. Elle aura donc de larges fenêtres, et on n'y admettra point les meubles et objets superflus.

Mon intention n'est pas, d'ailleurs, de donner ici un plan d'ameublement pour les différentes pièces d'une maison. Tout dépend de la position, des besoins et des goûts des jeunes mariés.

Je n'entrerai pas non plus dans les détails d'acquisition. Qu'on me permette seulement une ou deux remarques. L'engouement pour les ventes aux enchères n'est pas toujours justifié. Il faut être fin connaisseur pour y trouver son compte, et tel qui croit avoir acheté un bon meuble ou un remarquable objet d'art, reconnaît ensuite avec chagrin, mais trop tard, que l'œuvre d'art est fausse et que le beau meuble est sale et disloqué. Je dirai la même chose aux jeunes gens qui cherchent leurs meubles chez le brocanteur. Il y a vingt à parier contre un qu'il est plus rusé qu'ils ne sont clairvoyants, et qu'il leur vendra cher et mauvais.

C'est une affaire où il ne faut pas se hâter. On achète d'abord l'indispensable, au comptant, et peu à peu, à mesure des besoins, des ressources et des occasions, on ajoute l'utile, puis, avec le temps, l'agréable et le superflu

CHAPITRE XI

LA BOURSE DU MÉNAGE

Le curé s'était, au prône dominical, véhémentement élevé contre l'amour de l'argent, qu'il appelait « la racine de tout mal. » — « C'est bel et bien, disait, en regagnant sa ferme, un vieux paysan à son voisin. Mais quand on a besoin de quelque chose, il n'y a encore rien de tel que d'avoir l'argent dans la main. »

Nos théoriciens de « l'amour et de l'eau fraîche » peuvent dire ce qu'ils voudront : il n'y a rien encore de tel que d'avoir de l'argent pour entrer en ménage. Se marier par amour et travailler pour l'argent sont choses parfaitement légitimes, et, comme le dit Michelet, « c'est le paradis que l'homme travaille pour la femme, qu'il apporte seul, qu'il ait le bonheur de fatiguer et d'endurer pour elle, qu'il lui sauve la peine du labeur et le froissement du monde. » Mais encore serait-il bon qu'il y eût des chances raisonnables de trouver le travail qui donnera le pain quotidien et permettra de mettre de côté une poire pour la soif.

La sottise seule est affranchie des soucis de l'avenir. Se marier sans savoir comment on vivra le lendemain peut être du désintéressement et de l'héroïsme ; mais c'est le plus communément de la bêtise. Et quant à la bénédiction qui accompagne si souvent ces sortes de mariages, elle ressemble fort à une malédiction, puisqu'elle aboutit à multiplier des êtres qui ont faim et soif sans avoir rien à manger ni à boire.

D'autre part, il y a de la vérité dans ce dicton vulgaire : Quand il y en a pour un, il y en a pour deux. « Retiens de moi cette recette très exacte d'arithmétique dit l'auteur de *l'Amour :* Deux personnes dépensent moins qu'une. » Une femme d'esprit, qui signe des livres hardis et discutés du pseudonyme de Gyp, formule ainsi la même idée : « Le mariage est un prétexte à réaliser de saines économies. » Il ne faut pas pousser la prudence trop loin et croire que parce qu'on dépense, garçon, tant de revenu, il en faudrait le double pour subvenir aux besoins d'une femme et d'enfants. Le fameux Pitt disait à l'habitude que ses moyens ne lui permettaient pas de se marier ; et il se mangeait en moyenne quatorze livres de viande par jour et par tête de domestique dans sa maison. Que de jeunes gens je pourrais citer qui, parce qu'ils dépensent au café, au cercle, au théâtre, en voyage ou autrement, tout l'argent que leur capital ou leurs fonctions leur rapportent, refusent de se marier, et ont le cœur trop grand pour faire partager à une femme leur misère dorée. Cette générosité est du pur égoïsme. Ils ne sont pas assez riches pour se marier, mais ils ont de quoi payer des maîtresses. Ils redoutent les obligations du mariage, et ils feignent d'ignorer que la vie de famille est moins dispendieuse que la vie de garçon.

Les jeunes mariés doivent prendre garde de ne pas adopter tout d'abord un train de vie dont il faudra rabattre plus tard. Agir autrement, par vanité ou étourderie, c'est se préparer d'amers déboires, et s'acculer à de grosses imprudences ou à des expédients douteux.

La prodigalité est folle et sotte ; mais la ladrerie est ignoble. Quand on est riche, il faut savoir porter sa richesse avec grâce. Garnissez vos salons de beaux meubles, couvrez vos murs de tableaux de maîtres, collectionnez des œuvres d'art et des livres précieux, si vous en avez les moyens. Il y a là des sources de jouissances aussi exquises qu'élevées, et ceux qui les blâment ou s'en moquent sont à plaindre de leurs calus intellectuels.

Quelqu'un disait au docteur Johnson : — « Je viens d'acheter une parure de dentelle, pour ma femme. » — « Très bien, monsieur, répondit l'illustre critique. Vous avez fait une chose bonne et sage. » — « Bonne, je le crois, reprit l'autre ; mais sage, je n'en suis pas bien sûr. » — « Si, monsieur ; il n'y a point d'argent mieux dépensé que celui qu'on consacre aux satisfactions domestiques. »

Il importe de savoir compter, et de ne pas traiter avec légèreté les affaires d'argent. Mais qu'on ne mette jamais son âme dans un écu. Plaie d'argent n'est pas mortelle, tandis que la bassesse du cœur et la vénalité de la conscience sont des maladies dont on ne guérit pas.

Certes l'économie est une qualité qu'on ne saurait trop louer ; encore faut-il qu'elle soit intelligente. Combien de gens qui épargnent hors de propos, et quelquefois se ruinent faute d'un sacrifice fait à temps, comme cet armateur qui laissa perdre son navire pour n'avoir pas voulu dépenser quelques pots de goudron ! On bouche soigneusement le trou du fausset, et l'on ne s'aperçoit pas que la barrique se vide par la bonde.

Sage et méritante est la femme qui sait gouverner sa barque domestique entre ces deux écueils : l'avarice et la prodigalité. Car heureusement tous les ménages ne sont pas sur le modèle de celui qui me fournit l'anecdote suivante. « Mon cher ami, me disait un jeune mari, c'est très bien de parler d'économies, de tenir des comptes exacts, d'éviter le gaspillage, etc. Mais j'ai essayé ; écoutez-moi. Il y a quinze jours, j'achète le plus délicieux livre de comptes en cuir de Russie, avec un beau petit porte-crayon en argent. Après dîner je dis à ma femme : Ma chérie, il me semble que ça coûte bien de l'argent, de faire marcher un ménage ? — Si ça coûte de l'argent ! me répond-elle avec un soupir. Je ne le sais que trop. Mais vraiment je n'y peux rien. J'économise le plus que je peux, et sur tout ; je ne dépense pas chez le confiseur la moitié de ce que tu dépenses pour tes cigares. — Je ne m'arrête jamais aux personnalités ; aussi continuai-je : — Je crois, ma chérie, que si nous tenions un compte rigoureux de tout ce que nous dépensons, nous pourrions mieux voir où il faut apporter des réformes. Je t'ai acheté un petit livre. Tous les lundis je te donnerai une somme que tu inscriras d'un côté ; puis, pendant la semaine, tu porteras de l'autre tout ce que tu dépenseras. Le samedi soir nous regarderons le livre ensemble, et nous verrons par où file l'argent et comment nous pourrions en retenir un peu. — La proposition la ravit; le petit livre était charmant, et elle entra dans mes vues avec enthousiasme. Le samedi suivant, après dîner, elle alla chercher son livre et me le tendit, rayonnante de joie et de fierté. Sur une page il y avait : — Reçu de mon mari : 500 francs. Et sur l'autre : — Dépensé : tout. — Je me mis à rire, ce qui, naturellement, la fit pleurer. La conclusion fut que nous abandonnâmes la comptabilité par consentement mutuel. Je vous le dis, mon cher, l'économie domestique, je sais ce que cela signifie. »

Et me tendant son porte-cigares : — « Fumez-vous? »

La crainte d'extravagances de cette sorte est pour beaucoup dans la répugnance qu'ont tant de célibataires à se marier. L'article toilette est surtout formidable, et, dans certaines délicates mains féminines, les plus grandes fortunes s'écouleraient comme une eau claire. C'est à l'homme de prendre ses précautions et de bien connaître celle qu'il épouse. S'il est trop tard, si cette passion du luxe a attendu que le mariage fût un fait accompli pour éclater, seule l'autorité de l'époux, doucement et fermement imposée, aura quelque efficacité pour entraver le mal.

La femme qui administre en conscience l'argent du ménage n'a pas besoin de rendre compte à son mari de l'emploi de chaque sou. L'exiger serait inutile et maladroit. Il pourrait en résulter de l'irritation des querelles et toutes les déplorables suites qu'amènent le plus souvent de semblables malentendus.

Un mari ne remplit pas son devoir envers sa femme lorsqu'il ne lui donne que juste l'argent nécessaire pour payer les fournisseurs, sans y rien ajouter pour ses besoins personnels, pour ses colifichets et surtout pour ses charités.

Autant que possible, tous les arrangements financiers doivent être pris avant les noces. Cela évite bien des froissements qui se produiraient plus tard. Je mets, dans ces arrangements, la police d'assurance sur la vie, qu'il faut prendre le plus tôt possible et dans toutes les circonstances. Que est en effet celui qui ne cherchera pas à assurer à sa mort de quoi subvenir aux besoins immédiats de sa femme et de ses enfants ? Il faut être bien riche pour que cette question n'inquiète pas ; et elle n'est résolue que par les assurances.

Vous avez pris celle que vous aimez sans dot. Votre travail rapporte moins que vous ne l'aviez supposé. Les commencements sont durs et vous sentez l'oppression de la gêne. Peut-être serez-vous obligé de contracter quelques dettes. Ne les regardez jamais comme un simple inconvénient. Si vous les entretenez, vous verrez bientôt que c'est un malheur. On a dit que la chemise de Nessus était une chemise prise à crédit. Il est difficile d'exprimer d'une manière plus saisissante et plus ingénieuse, les tortures incessantes auxquelles les dettes livrent le débiteur en proie.

Les personnes avisées qui cherchent le bonheur dans le mariage se font une loi de mettre leur train de maison d'un degré au-dessous de leurs ressources, et jamais au-dessus. Elles savent que, quand on veut faire entrer une grosse cheville dans un petit trou, le bois éclate. Mais cela n'est pratique qu'autant que l'on tient exactement registre de ses recettes et de ses dépenses.

Wellington, qui disait que tout homme endetté est un esclave, avait fini par payer lui-même ses fournisseurs, après avoir été volé pendant dix ans par l'intendant de confiance qu'il chargeait de ce soin. Le héros de l'Amérique, Washington, ne dédaignait pas, même lorsqu'il occupait la première magistrature de son pays, de descendre aux plus petits détails des dépenses de sa maison. Faut-il citer encore une fois l'exemple de Charlemagne réglant, dans ses *Capitulaires*, jusqu'à la vente « des herbes de ses jardins ? »

On demandait à un homme en train de s'enfoncer jusqu'au cou dans les dettes combien il payait son vin. — « Je ne sais pas, répondit-il. Mon marchand inscrit sur son livre. » — Combien de gens se sont ruinés par cette facilité et cette incurie ! Payez vos fournisseurs périodiquement, par semaine ou par mois, mais toujours avec régularité. Ils ne seront pas tentés de grossir indûment vos comptes, et tout s'en trouvera bien : l'honnêteté et l'économie.

En observant ces principes, on arrivera plus facilement à se créer un fonds de réserve pour les maladies, les voyages, les déménagements, et tant d'autres circonstances imprévues.

Dans tous les cas, il ne doit, sur la question financière, rien y avoir de caché entre le mari et la femme. L'auteur des *Voyages de Gulliver*, Swift, écrivait à une jeune dame nouvellement mariée : « Je crois qu'il est bon que vous sachiez exactement à combien s'élèvent les revenus de votre mari, afin que vous ne dépassiez pas la part qui vous en sera attribuée pour vos besoins et ceux du ménage. De cette façon vous ne grossirez pas le nombre de ces belles dames qui croient avoir remporté une victoire quand elles ont, à force d'importunités, amené leur mari à leur acheter un nouvel équipage, une parure de dentelle, ou une robe somptueuse, sans jamais réfléchir à la longue note qui reste due chez le boucher. »

Ce n'est pas qu'il faille dédaigner les apparences. Il y a bien peu de gens, au contraire, qui puissent se dispenser de les garder. Un chapeau rapé passera peut-être, chez un riche, pour une aimable excentricité ; mais sur la tête d'un autre, il paraîtra l'indice de la gêne et tuera son crédit. Dans beaucoup de petits ménages, sauver les apparences est un problème que la femme ne résout qu'au prix d'héroïques efforts. Les doigts criblés de piqûres d'aiguille, les mains que la brosse, la lavette et le torchon ont faites rugueuses, les yeux rougis par les veilles, attestent, chez ces nobles femmes, ce qu'il en coûte pour ne pas laisser voir sa misère et pour avoir, du moins, le luxe de la propreté.

Il y a loin de cette honnête et louable ambition au désir vaniteux d'éclipser les autres, soit par ses ajustements, soit par la richesse de sa demeure, soit par l'éclat de ses réceptions. Le même Swift, dont les rudes et mordantes reparties sont restées populaires en Angleterre, dînait un jour chez une dame qui avait fait les plus grands frais pour le recevoir. Malgré l'abondance et la délicatesse recherchée des mets, elle ne cessait de s'excuser et d'implorer l'indulgence de son hôte. Celui-ci, impatienté à la fin, s'écria : —« Ma foi ! madame, si tout est aussi mauvais que vous le dites, je m'en retourne me faire cuire un hareng chez moi. »

Une dame surprise par des convives inattendus envoya chercher un vol-au-vent chez le pâtissier, pour renforcer un peu le menu. Lorsque la servante mit le plat sur la table, la dame, voulant sauver les apparences, s'écria : — « Ah ! nous avons un vol-au-vent, Marie ! Qu'est-ce que c'est que ce vol-au-vent ? » — « C'en est un de quarante sous, madame, » répondit la fille.

Ces fausses notions de convenances et de décorum sont aussi une des raisons pour lesquelles les jeunes gens hésitent tellement à prendre femme, et tant de filles ne se marient pas.

« Pourquoi, disait un ouvrier qui préférait vivre chez le marchand de vin plutôt qu'en famille, pourquoi irais-je donner à une femme la moitié de mon dîner pour me faire cuire le reste ? » — Qu'aurait dit cet ennemi du mariage s'il avait vu tant de gens donner à leur femme la moitié de leur dîner, — je veux dire leur fortune, — non pas même pour faire cuire le reste, mais simplement pour sauver les apparences ? Heureux quand le dîner tout entier n'y passe pas, et quand il en reste assez, cuit ou non, pour tromper la faim !

François Bacon admire la sagesse de cette réponse faite à quelqu'un qui demandait quand il faut se marier : — Si vous êtes jeune il est trop tôt ; si vous ne l'êtes plus, il est trop tard. — Le mot lui eût semblé moins sage si les femmes de son temps avaient été plus raisonnables et n'avaient pas cherché, tout en invoquant la nécessité de sauver les apparences, la seule satisfaction de leurs caprices ou de leurs goûts.

Ont-elles beaucoup changé depuis François Bacon ?

CHAPITRE XII

L'ART DE CONDUIRE DANS LES CHEMINS PIERREUX

Il est un avis que l'on donne souvent aux cochers inexpérimentés : c'est d'aller doucement sur les pierres. Les nouveaux mariés peuvent en faire leur profit. La route qu'ils suivent est raboteuse, et si le char matrimonial n'a pas un prudent conducteur, il versera très certainement.

La première pierre d'achoppement est la première année même du mariage. C'est cette première année qui, en règle générale, gâte ou consacre le bonheur des époux. Il est facile de commettre alors d'irréparables erreurs, dont l'ombre se projette sur la vie tout entière.

Dans un ménage heureux, la première année du mariage n'est pas aussi heureuse que la seconde.

Il faut s'habituer à la vie conjugale, et l'apprentissage ne se fait pas sans peine.

Quelques-uns n'y comprennent rien et entassent bévues sur bévues. Au bout de l'année ils sont moins avancés qu'au commencement. Ils n'ont su amener l'éclosion d'aucune des fleurs d'espérance que le jour du mariage voit en boutons. Désormais tout est flétri et desséché, et c'est à travers un désert aride que l'un et l'autre traînent leur boulet.

Le grand danger de ces premiers jours c'est l'amour-propre, la susceptibilité maladive qui s'effarouche d'un sourire et se blesse d'un mot innocent. Au lieu de s'abandonner et d'être simples et confiants, on s'observe comme deux adversaires, on se critique, on se vexe et on s'irrite, et, lorsque l'union devrait devenir chaque jour plus étroite, on en arrive graduellement à l'éloignement et presque à l'effroi de se trouver ensemble.

La première querelle est comme la brèche pratiquée dans une place. C'est un péril contre lequel on ne saurait trop se mettre en garde. Elle en amène d'autres à sa suite, et chacune, si petite et insignifiante soit-elle, relâche un peu le lien qui unit les époux. Sans doute, il ne faut pas attacher une importance exagérée à ces petits différends, à ces accès d'impatience ou d'humeur, qui ne sont, souvent, qu'un déguisement de l'amour. Mais, entre jeunes mariés, dire qu'une querelle est puérile est plus facile que de le croire. Malgré la raison et l'évidence, le trait entre profondément, et il arrive qu'on lâche des paroles en l'air, dont les conséquences funestes sont irréparables.

François de Sales n'approuvait pas la maxime : Ne vous fiez jamais à un ennemi réconcilié. Il prétendait plutôt qu'une querelle entre amis, une fois ajustée, ajoutait à l'amitié un nouveau nœud, de même qu'autour d'un os cassé il se forme une calosité qui le rend plus fort.

Il est certain que, dans les désaccords qui peuvent s'élever dans les premiers temps entre les époux, il n'y a point d'ennemis en présence. Mais François de Sales n'a point dit que toutes les querelles s'ajustassent ; et c'est pour en avoir trop souvent sans ajustement possible ou durable, que les amis deviennent ennemis.

Fuyez avec effroi la jalousie, « ce monstre aux yeux verts qui se repaît de ses propres chimères. » Voici, à ce sujet, une plaisante anecdote. Une dame, jalouse de son mari, se mit à épier toutes ses actions. Un jour, il lui dit qu'il allait à Versailles. Elle le suivit, et le perdit de vue dans un passage sur le chemin de la gare. Après avoir regardé un instant autour d'elle, elle aperçut un homme qui sortait de chez une marchande de gants avec une dame en toilette rayonnante. Aveuglée par la colère et la jalousie, elle se figure que c'est son mari, s'élance sur lui, et lui administre trois ou quatre vigoureux soufflets. Le monsieur s'était à peine retourné, qu'elle reconnaît sa méprise ; en même temps elle aperçoit son mari qui était simplement entré dans un bureau de tabac et qui traversait la rue. Elle n'eut d'autres ressources que de s'évanouir dans les bras du monsieur qu'elle avait frappé, pendant que l'autre dame, peu désireuse d'une semblable scène, s'esquivait. Fort étonné de se sentir sur la joue des soufflets et dans les bras une personne inconnue, le monsieur le fut davantage lorsqu'il se vit saisi au collet par quelqu'un qui lui demandait de quel droit il embrassait cette dame. — « Mais, monsieur, s'écria l'innocente victime, elle m'a donné des soufflets, et puis elle s'est évanouie. » — « C'est ma femme, reprit le mari furieux ; et si elle vous a frappé, c'est qu'elle avait de bonnes raisons. » — Ils ne s'en seraient pas tenus aux paroles si la cause de l'imbroglio n'avait suffisamment recouvré ses sens pour l'expliquer.

La jalousie est le plus souvent ridicule chez une femme ; elle doit soigneusement cacher à son mari tout sentiment de ce genre. Que de maux imaginaires cette passion ne cause-t-elle pas ! Elle empoisonne les démarches les plus innocentes. Maisle pire est qu'elle va contre son but ; un mari qui se sent en butte à la jalousie de sa femme sans avoir rien fait pour la mériter, aura vis-à-vis de lui-même une excuse toute trouvée le jour où il la justifiera.

Il doit, d'ailleurs, de son côté, s'abstenir scrupuleusement de tout ce qui pourrait faire supposer qu'il préfère une autre personne à sa femme. Ce sera un plaisir, en même temps qu'une obligation, pour lui, de satisfaire le légitime et louable orgueil de sa compagne, en manifestant en public le grand cas qu'il fait d'elle et de ses sentiments.

L'amour, comme la foi, a ses fanatiques. Comme les fanatiques de la foi sont dévorés d'intolérance, les fanatiques de l'amour sont dévorés de jalousie. C'est ce qui a fait dire que la jalousie prouve l'amour. Amour inférieur, en tout cas, et fortement entaché d'égoïsme. Obsédé de craintes, il exige a tout instant des témoignages de retour. Le grand, le véritable amour plane plus haut. Il aime son objet pour son objet même, et n'est point troublé de la peur maladive de n'en être pas assez aimé.

On s'accorde à penser que la tendresse conjugale dépend en grande partie de la confiance mu tuelle des époux. L'amour ne l'inspirerait pas, que la politique la conseillerait. En effet, quoi de plus malaisé que de se garder des secrets entre mari et femme ? Comment la préoccupation de l'un échappera-t-elle à l'autre ? Et ne vaut-il pas mieux dire la vérité, quelque grave qu'elle soit, que de laisser l'imagination donner un cours à des chimères toujours plus dangereuses ou plus pénibles que la réalité ?

« Heureux le mari qui peut tout dire à sa femme ! » s'écrie Stendhal. Et Michelet : « La confession conjugale est l'essence du mariage. A mesure que nous sortirons de l'état grossier, barbare, où nous sommes encore plongés, on sentira qu'on se marie précisément pour cela, pour s'épancher tous les jours, pour se tout dire sans réserve, affaires, idées, sentiments, pour ne garder rien à soi, pour mettre en commun son âme tout entière, même en ces nuages confus qui peuvent devenir de grands orages pour un cœur qui les fomente, au lieu de les confier. »

Dans une conversation entre hommes, quelqu'un disait qu'il se faisait une règle d'informer sa femme des moindres choses, ajoutant qu'il évitait ainsi bien des contrariétés et des malentendus. — « Eh bien ! monsieur, reprit un de ceux qui étaient là, vous n'êtes pas si franc et ouvert que moi, car je dis à ma femme bon nombre de choses qui ne sont jamais arrivées. » — « Oh ! s'écria un troisième, je n'ai pas besoin de tenir ma femme au courant de mes affaires : elle n'a pas la moindre peine à en découvrir cinq fois plus que je n'en sais. »

« Je veux que Mme *** soit informée de ceci, me disait un de mes amis, savant dans la tactique féminine. Et pour ce faire, je l'écris à son mari. » — « Mais la chose est telle que son mari ne peut la lui dire. Et comment pouvez-vous être sûr qu'elle lira cette lettre adressée à lui ? » — « Eh ! ne voyez-vous pas que j'ai mis *personnelle* au coin de l'enveloppe ? »

Ces anecdotes, qui ne sont que la forme pittoresque de l'expérience, prouvent qu'il est inutile d'essayer de se rien cacher entre époux. La demi-confiance est vite percée à jour, et paraît plus blessante peut-être qu'une défiance absolue. Il faut tout se dire, ou se traiter en étrangers.

Ici je désire être bien compris. Il reste entendu que le secret professionnel est inviolable dans la famille comme ailleurs, et qu'il y a des choses qu'il serait déshonorant et criminel pour un homme ayant charge d'âmes, pour un médecin, pour un avocat, pour un législateur, de dévoiler à sa femme, fût-elle une Portia.

Lorsque le mari rentre à la maison, fatigué, affamé et préoccupé de quelque affaire qui va mal ou qui l'inquiète, ce n'est pas le moment pour la femme de montrer de la curiosité et de prendre l'humeur interrogante. Qu'elle lui fasse servir son dîner à point, et ne le tourmente pas. C'est là le mieux. Plus tard, dans la soirée, lorsque la paix du foyer l'aura reposé et calmé, il dira de lui-même ses anxiétés à sa compagne, et trouvera dans sa confiance spontanée un plaisir où la reconnaissance pour tant de discrétion et de délicate tendresse entrera pour une bonne part.

Dans beaucoup de ménages, le mari ouvre sans scrupule les lettres de sa femme, et la femme celles de son mari. C'est une coutume que l'on peut apprécier diversement. En thèse générale, elle ne me semble pas très recommandable. Une lettre cachetée est chose sacrée ; et tout le monde aime à avoir la primeur de sa correspondance. Mais il n'y a là rien d'absolu, et tout dépend des caractères et des circonstances.

Un des écueils de la vie conjugale, et non le moins perfide, c'est la parenté. On a tout dit sur les belles-mères. Il est certain qu'elles sont souvent un ferment de discorde dans le ménage, et presque toujours une cause d'embarras et d'ennuis. Elles ont pourtant leur utilité, quand on sait s'en servir. — « Quand j'ai envie d'avoir une bonne journée, bien à moi, à moi toute seule, racontait une jeune femme plus ingénieuse qu'ingénue, je dis à Georges que bonne mère va venir. Je suis sûre de ne plus le voir avant une heure du matin. » — Plaisanterie à part, il suffirait d'un peu de raison ou de tolérance des deux parts pour conserver l'harmonie, et c'est ce qu'on voit, après tout, plus fréquemment qu'il n'est de mode de le supposer.

Il y aurait bien d'autres dangers à signaler, pour éclairer complètement les parages dangereux où navigue la barque matrimoniale. Citons seulement l'intempérance, le jeu, la vie de club, la passion immodérée du sport, l'ambition excessive, l'ardeur exagérée dans les poursuites scientifiques, artistiques et littéraires, en un mot tout ce qui peut distraire de l'idée que l'on vit l'un pour l'autre, et que l'on ne saurait vivre autrement.

CHAPITRE XIII

DE LA POLITESSE ENTRE ÉPOUX

La véritable politesse se montre dans une disposition à contribuer au bonheur d'autrui, et à s'abstenir de tout ce qui pourrait lui déplaire. C'est une attention de tous les instants qui devient facilement une seconde nature, et sans laquelle il est impossible à deux ou plusieurs personnes de vivre heureuses en commun.

Rien n'est plus nécessaire au bien-être du ménage, non pas même la provision de pain de chaque jour.

Le mari et la femme ont, par leur situation respective, les plus grandes facilités qu'il soit possible d'imaginer pour se rendre la vie dure et se martyriser l'un l'autre. Aussi, est-ce rigoureusement leur devoir de se garantir de ce péril en s'attachant aux habitudes de politesse dont il ne faut jamais se départir, même dans l'intimité.

C'est une grande erreur de penser qu'on peut sans inconvénient se dispenser des formes de la courtoisie dans le cercle de la famille. Là où les formes ont disparu, c'est en vain que, le plus souvent, on chercherait la chose. Observer ces formes, au contraire, c'est entretenir le sentiment dont elles sont la manifestation, et, s'il n'existait pas, le faire naître.

Les bonnes manières sont comme les bonnes paroles : elles ne coûtent guère et valent beaucoup. C'est l'huile qui facilite le jeu du mécanisme social ; huile nécessaire surtout dans la vie domestique, où les rouages sont plus ténus, plus multiples et plus serrés. L'air dont on souhaite le bonjour ou le bonsoir à des étrangers suffit à nous faire bien venir d'eux ; croyez-vous que l'épouse sera moins sensible ?

Les manières dures et repoussantes ont leur source dans le mépris qu'on fait des sentiments d'autrui.

Le Talmud avertit l'homme d'être attentif à ne pas faire pleurer la femme, « parce que Dieu compte ses larmes. »

Il y a des gens qui se forcent à une telle affectation de manières et à une politesse si raffinée dans le monde, qu'ils tombent presque inévitablement à l'extrême opposé, lorsqu'ils sont rentrés chez eux. Ils se montrent alors d'autant plus grossiers et malhonnêtes qu'ils s'étaient tout à l'heure imposé plus de contrainte et de retenue.

La familiarité engendre le mépris. C'est là un apophthegme dicté par la sagesse des nations, et qui n'est nulle part plus applicable que dans le ménage. Aussi l'harmonie est-elle d'ordinaire moins troublée lorsque les affaires du mari le retiennent dehors plusieurs heures par jour. La femme se sent plus à l'aise, soulagée, vraiment reine et maîtresse dans son domaine, pendant l'absence du seigneur. Lui, à son retour, trouvera la maison bien plus agréable et douce que s'il y était resté depuis le matin, sans autre occupation que d'agacer sa femme.

On dit : Loin des yeux, loin du cœur. Mais il s'en faut que ce soit toujours vrai. En ce qui concerne les relations d'époux à époux, je serais plutôt de l'avis de Jean-Paul Richter, qui affirme que l'amour résiste mieux à l'éloignement qu'à un rapprochement prolongé. On a plus d'égards l'un pour l'autre quand on ne se voit pas trop constamment.

Madame, personne n'a droit à plus de considération auprès de vous que votre mari. Monsieur, personne n'a droit à être traité par vous avec plus de déférence que votre femme.

On raconte force histoires prouvant qu'il est dangereux aux maris d'être brusques et discourtois. En voici une assez vieille pour ne porter ombrage à personne. Du temps des parlements et des perruques à marteaux, un magistrat, qui vivait à la campagne, dût venir à la ville pour la session, et sa femme lui demanda de l'emmener. — « Je le veux bien, dit le grave personnage ; mais à condition que vous ne fourrez pas sous les sièges toutes les boîtes et paquets que vous ne manquez pas d'y mettre, chaque fois que je vous conduis à la ville. » — La femme promet ; ils montent en voiture et partent. En route, monsieur le conseiller, voulant étendre les jambes, sent un obstacle : c'est une boîte enfoncée sous le siège de devant. Son autorité maritale a été méconnue ! Indigné, il ouvre la portière sans mot dire, saisit la boite et la lance dans le fossé. — « Allez toujours, cocher ! » — Sa femme le regarde, abasourdie et muette. Lui, se dit : — « Je l'ai mâtée. » — Arrivé à son hôtel, il s'habille pour aller en séance. Il met sa robe et, comme son valet de chambre ne bougeait plus :

— « Eh bien ! ma perruque ! dit-il, s'impatientant. Où est ma perruque ? » — « Votre perruque, monsieur ! répondit le valet, d'un ton d'autant plus respectueux qu'il avait plus envie de rire, elle est dans la boîte que monsieur a jetée par la portière, en venant. »

Il n'y a jamais à désespérer de réconcilier deux femmes, tant que l'une n'a pas dit à l'autre qu'elle est vieille ou laide. De même, les époux n'ont pas à désespérer de réaliser l'idéal de deux existences vraiment unies et, par suite, heureuses, tant qu'ils n'ont pas étudié réciproquement leurs points faibles, comme les patineurs étudient les endroits où la glace est mince, — pour ne pas s'en approcher.

Il arrive que le mari est complètement nul, et parfois même quelque chose de pis ! Dans ce cas, il peut conserver l'illusion qu'il est le chef de la famille ; mais c'est à la femme de prendre la direction réelle. Elle sera le premier ministre responsable, le maire du palais, que sais-je ? mais elle n'usurpera pas les insignes de la royauté ; surtout elle n'en fera pas parade. Si elle a les sentiments nobles d'une femme bien élevée, elle ne permettra pas qu'on aperçoive les rênes qu'elle tient en main. Il ne lui plairait pas qu'on parlât

8.

d'elle comme ces soldats parlaient de la femme de leur chef, qu'ils appelaient le colonel, comptant pour rien le mari. Elle aimerait encore mieux porter la plus lourde part du fardeau de la vie domestique, et laisser son mari se pavaner, dans sa suffisance et son incapacité.

C'est là de la haute politesse — je pourrais dire de la haute politique — matrimoniale.

Cette loi de politesse domine tout et s'applique partout dans le ménage. Il n'est pas jusqu'au plus jeune enfant de la maison, qui n'ait droit à des égards appropriés à son âge et à sa condition. Pourquoi le père traiterait-il de haut et dédaigneusement le plus petit de ses enfants ? Si l'amour paternel ne suffit pas pour lui dicter une autre conduite, est-il bien sûr que cet enfant ne vaudra pas, intellectuellement ou moralement, mieux que lui ?

En bien ou en mal, la maison paternelle est pour l'enfant l'école du ton, de la tenue, des manières, en un mot. Si le père est, en toute circonstance et à tout moment, un *gentleman*, c'est-à-dire un homme bien élevé, si la mère est toujours une dame distinguée et comme il faut, les enfants ne risquent pas d'être vulgaires et mal embouchés. Ils se seront, par tous les pores, imbibés de grâce et de courtoisie.

Un autre mot de Jean-Paul Richter, en finissant : « La période la plus importante de la vie est celle de l'enfance. C'est alors qu'on reçoit les impressions les plus profondes et qu'on se forme, en fréquentant les autres. Plus l'enfant avance en âge, et moins les maîtres qui se succèdent pour lui donner des leçons, ont sur lui d'influence ; de sorte qu'il est vrai de dire, qu'un voyageur qui a fait le tour du monde est moins influencé par ce qu'il a vu chez tant de peuples qu'il ne le fut jadis par sa nourrice. »

CHAPITRE XIV

JOURS DE SOLEIL

Il est relativement facile de garder le front serein et la lèvre souriante hors de chez soi, et même de faire face aux pires difficultés de la vie, sans rien trahir de sa peine aux yeux du monde. Être d'humeur égale à la maison et savoir supporter sans aigreur les petites misères de la vie domestique, voilà ce qui est vraiment difficile, si l'on en juge par le petit nombre de ceux qui le font.

L'homme du monde le plus correct et le plus impassible, aussi bien que le boute-en-train des dîners joyeux, devient souvent violent et brutal dès qu'il se retrouve derrière le mur de la vie privée. Un héros qui essuie sans tressaillir le feu des batteries ennemies, est quelquefois incapable de recevoir de la main de sa femme, sans gronder et sans se plaindre, une tasse de café tiède.

Le bonheur du ménage dépend pourtant en très grande partie de la philosophie avec laquelle on accepte les petites contrariétés de la vie commune.

Si vous voulez être heureux, gardez-vous d'attribuer de l'importance aux petites choses, et tenez constamment en bride la vivacité de votre humeur. Vous en serez récompensé; car vous verrez le rayonnement calme de votre visage se refléter sur le visage de tous ceux qui vous entourent. Il tient à vous que, dans la famille, tous les jours soient ensoleillés.

Est-il rien qui vous soit plus cher que ces divinités du foyer : votre femme, vos enfants ? Pourquoi donc vous arrive-t-il de les traiter plus grossièrement que des étrangers ?

Dans les affaires, dans le monde, on est instinctivement sur ses gardes ; on retient les paroles vives ; on bannit tout jeu de physionomie dénotant l'impatience ou la colère ; on est poli et charmant. C'est pour ceux qui nous sont le plus chers que nous réservons nos caprices et l'irascibilité de notre nature. Devant eux, nous paraissons tels que nous sommes, sans nous inquiéter de cacher ou d'atténuer nos laideurs. Ils savent, à leur dam, quand nos nerfs sont trop tendus, quand nous avons eu des déboires, quand la fatigue, morale ou physique, nous accable et nous aigrit. On a vu des grands hommes, sous l'aiguillon des petits ennuis quotidiens, perdre toute patience et toute mesure, jeter leurs bottes à la figure de leur valet de chambre, et s'emporter en invectives ou en sarcasmes contre leur femme.

Prises une à une, ces vivacités et ces impatiences sont bien peu de chose ; mais elles ressemblent aux sauterelles dont le nombre finit par cacher le soleil.

On a dit que la perfection seule sait supporter l'imperfection. Il est certain que meilleur on devient, plus on est indulgent pour les faiblesses d'autrui.

Pour que les jours de soleil se succèdent à la maison, ce n'est pas assez de s'abstenir de censure et de fuir l'humeur chagrine en général. Le devoir est double, négatif et positif. Il faut savoir approuver et louer. Si quelque chose se fait mal, gardez le silence ; attendez une autre occasion où elle se fera bien, et alors donnez-lui des éloges marqués. La troisième fois, on désirera les mêmes louanges, et vous pouvez être sûr qu'elle se fera encore mieux.

Franklin a dit : « Si nous sommes responsables de toute parole vaine, nous le sommes aussi de tout silence gardé mal à propos. »

Lorsqu'un cavalier a fait exécuter à son cheval tous les exercices de vigueur, de légèreté et d'intelligence, il le flatte, le caresse, et lui fait, de la voix et du geste, comprendre qu'il est content. Les maris en feront-ils moins pour leurs femmes ?

La maîtresse de la maison a naturellement des devoirs analogues. Infiniment plus que l'homme, la femme est sujette à des abattements soudains, à des énervements sans cause apparente, qui influent presque fatalement sur son caractère. Elle a à réagir contre cette disposition. Il faut qu'elle lutte pour être toujours gaie et donner à son mari, à ses enfants et à ses hôtes l'exemple d'une saine joie.

On prête à Napoléon l'idée d'avoir voulu faire supprimer du dictionnaire le mot *impossible*, parce que, disait-il, ce n'est pas un mot français. Il est certain que, la plupart du temps, il sert à cacher la paresse ou le manque de volonté. Il n'est donc pas *impossible* de surmonter ces mouvements d'humeur, si funestes à la paix de la famille. Il y a du reste des règles à observer, qui guident et allègent l'effort.

Avant tout ne vous exagérez pas la peine et les

ennuis que donnent les choses du ménage. Les coups d'aiguille mille fois répétés sont plus insupportables qu'un bon coup d'épée. La proportion des choses change avec les milieux et l'entourage, et ce qui serait insignifiant en tout autre endroit, prend dans le cercle étroit de la famille une importance dangereuse et malsaine. Ne nous laissons pas aller à cette tendance, et prenons les petits incidents de la vie conjugale par le bon côté.

Le mieux est l'ennemi du bien. Ne soyons pas exigeants : c'est le seul moyen d'être heureux. Il n'est accident si fâcheux qui ne porte en soi quelque consolation, lorsqu'on songe qu'il pouvait être pire. Un paysan venait de perdre dans un incendie sa maison de ferme et ses bestiaux. — « Quel bonheur, s'écria-t-il, que ma grange et mon foin soient restés saufs ! » — Imitons cette douce philosophie, et surtout n'allons pas, par une aberration de notre imagination malade, nous tourmenter de la prévision de malheurs qui peuvent n'arriver jamais.

— « Quel air lugubre ! » disait un seau à son compagnon de chaîne en allant au puits. — « Ah ! repartit l'autre, je réfléchis à l'inutilité de nous remplir ; car, quelque pleins que nous nous en allions, nous revenons toujours vides. » — « Par exemple ! Peut-on regarder les choses sous ce jour-là ! s'écria l'autre seau. Moi, au contraire, je me réjouis de penser que, venus vides, nous nous en allions toujours pleins. Mettez-vous à ce point de vue, et vous serez aussi gai que moi. »

La patience, l'habileté à tirer bon parti des épreuves mêmes, voilà ce qui ramène la sérénité au ciel un instant troublé du ménage.

Il n'y a guère de perte qui soit sans compensation. S'il vous manque un appui sur quoi vous comptiez beaucoup, vous trouverez en vous-même des ressources que vous ne soupçonniez pas, et vous accroîtrez d'autant le sentiment de votre dignité et de l'estime de vous-même. Que de fois n'a-t-on pas eu à se réjouir de n'avoir pas pu réaliser des souhaits ardemment caressés ! Platon dit que les châtiments mérités sont les meilleurs présents des dieux, et Gœthe a confessé qu'il n'eût jamais une affliction dont il ne tirât un poème. Pour voir les mondes brillants qui sèment l'espace, il faut que le jour ait fait place à la nuit, et ce n'est qu'après les rigueurs de l'hiver que notre être tressaille à l'approche du printemps.

La santé est une des conditions du bonheur de la famille. C'est un devoir sacré de ne négliger aucune précaution pour la conserver. On évitera ainsi le ton morose, l'irritabilité nerveuse, le malaise général qu'occasionne souvent une santé chancelante. Ceci n'est pas un livre d'hygiène, et j'ai d'autant moins à entrer dans les détails que je me propose de revenir sur cette question. Mais que l'on suive seulement les lois de la nature, que l'on s'assure un bon air, de l'exercice, un travail modéré, un bon appétit, et bien des misères seront conjurées.

Un humouriste anglais dépeint ainsi l'influence de l'estomac sur le caractère et l'intelligence. « Mon ami soupe tard ; il mange des ragoûts épicés, du homard, des pâtisseries lourdes, et délaie le tout dans plusieurs verres d'un vin généreux. Le lendemain, je vais chez lui : il est décidé à vendre sa maison de ville et à se retirer à la campagne ; il a des craintes pour la santé de sa fille aînée ; ses dépenses augmentent à chaque instant, et s'il reste dans les affaires une minute de plus, rien ne peut le sauver de la ruine. — Tout cela, c'est l'œuvre du homard mal digéré. Dès que cette chair indigeste ne lui encombre plus l'estomac, sa fille se rétablit, ses finances sont en bon état, et toutes ses idées de vie champêtre ont disparu. C'est ainsi que l'abus du fromage ou de la choucroute a brisé de vieilles et solides amitiés, et que des viandes lourdes et salées ont poussé des gens au suicide. »

Si la santé entretien la gaieté, il est également vrai que la gaieté conserve la santé.

Tout doit concourir à faire durer les beaux jours dans le ménage. Il le faut occupé et actif. Le soleil ne luit jamais sur les maisons oisives. L'expérience journalière montre que si les membres d'une même famille n'ont pas, à défaut de travail véritable, une occupation utile ou un dada quelconque, ils sont sûrs de passer leur temps à se tourmenter malicieusement les uns les autres.

Cependant ceux qui n'ont d'autre souci que de s'éviter tout souci, commettent une grande erreur. Ils oublient qu'il n'y a pas de roses sans épines, et que, de même que l'ombre fait valoir la lumière, la peine passée rehausse et avive le plaisir présent.

Il n'est, en somme, qu'un moyen de faire briller le soleil dans nos ménages : c'est de l'allumer d'abord dans nos cœurs, d'où il rayonnera, comme à travers un cristal, sur tout le reste.

CHAPITRE XV

PETITS ORAGES

Les petits orages sont quelquefois les avant-coureurs de grands cataclysmes.

Dans le ménage, les petites discussions amènent souvent des catastrophes irréparables.

Un jeune homme vint prier Socrate de lui enseigner l'art oratoire. Il se montra dès l'abord très bavard, et Socrate, en l'acceptant pour élève, lui demanda le double du prix ordinaire. — « Pourquoi cette différence? » interrogea le jeune homme. — « Parce que j'ai deux sciences à vous enseigner, répondit le philosophe ; celle de se taire, et celle de parler. »

Il est impossible d'être heureux en ménage si l'on

n'apprend pas la première de ces deux sciences.

Simonide disait qu'il n'avait jamais regretté d'avoir gardé le silence, mais qu'il avait regretté souvent d'avoir parlé. Simonide devait être un homme marié.

Cette abnégation si simple, qui fait qu'on retient l'expression d'un sentiment désagréable ou d'une pensée choquante, est la pierre angulaire du bonheur domestique. Car rien ne rapproche deux personnes comme d'être sûres de se plaire ensemble, et rien ne les éloigne comme de trouver dans la présence l'une de l'autre une fréquente cause d'ennuis.

Il arrive que le mari blâme la femme et la femme le mari, sans que ni l'un ni l'autre soient en faute. Cela me rappelle ces deux provinciaux qui, se rencontrant dans une rue de Paris, crurent se reconnaître et coururent pour s'aborder, la main tendue et le sourire aux lèvres. En arrivant face à face, ils virent qu'ils s'étaient trompés. — « Ah ! dit l'un, qui était Champenois ; je vois ce que c'est, monsieur. Vous avez cru que c'était moi, et j'ai cru que c'était vous ; mais ce n'est ni l'un ni l'autre. »

On raconte qu'une femme, dont le mari était violent et querelleur, consulta sa voisine, qui lui donna un flacon d'une certaine eau, en lui disant de s'en remplir la bouche sans l'avaler pendant tout le temps que son mari s'emporterait. Elle suivit la recommandation à deux ou trois reprises, et se trouva bien de cette recette. — « Qu'est-ce qu'il y a donc dans votre eau ? » demanda-t-elle à la voisine la première fois qu'elle la rencontra. — « Eh ! ma chère, c'est de l'eau pure. Ce n'est pas l'eau, c'est votre silence qui produit bon effet. »

Certains sont d'une bonté parfaite dans leurs actions, et plus que rudes dans leur langage. On a classé cette variété sous le nom de bourrus bienfaisants. Appeler un chat un chat ne peut guère vexer personne ; mais il y a des sots qui n'aiment pas qu'on les appelle par leur nom. Sans aller si loin, supposez une femme qui soit convaincue — cela se voit — qu'elle a toujours raison et que son mari a toujours tort : les roues du char domestique n'en rouleront pas mieux si elle exprime sa conviction sans ambages. Un mari peut nourrir le plus profond mépris pour un beau-frère chéri de sa femme ; mais déclarer de tels sentiments à la femme ou au beau-frère n'est point fait pour entretenir ou ramener l'harmonie.

Le mariage d'un sourd-muet avec une aveugle présenterait, quelqu'un l'a déjà fait remarquer, de sérieux avantages. Chacun des époux aurait l'occasion de se livrer à de petites scènes de pantomime qui ne sont pas à la portée de tout le monde. Dans une querelle entre la femme qui ne voit pas et le mari qui n'entend pas, la première lancera à la face de l'autre, les plus mordantes invectives, et le pauvre homme, ne saisissant que le mouvement des lèvres de sa douce moitié, croira qu'elle lui exprime son repentir et son chagrin. Si c'est lui, au contraire, qui tempête et rage, il en sera réduit à brandir ses poings fermés et à faire d'horribles grimaces, pendant que la femme se figurera qu'il se tient la face enfoncée dans les mains, versant des larmes de regret.

Il faut savoir, à l'occasion, faire l'aveugle et le sourd ; voilà la morale de cet apologue. Dans les discussions conjugales, il est bon de ne pas entendre et de ne pas voir tout.

Je ne sais pas de machine infernale plus féconde en catastrophes que la manie qu'on a de vouloir avoir « le dernier mot ». C'est une bombe allumée que l'on se dispute, et qui éclate en tuant ou blessant des deux côtés. Avoir le dernier mot ! A quoi cela peut-il bien servir ? Un Américain se vantait d'avoir toujours le dernier mct avec sa femme.— « Avec votre femme! s'écria son interlocuteur. La belle affaire! Parlez-moi d'avoir le dernier mot avec le sifflet d'une locomotive. Voilà qui prouve les poumons d'un homme. »

Encore une fois cette manie discutante et contredisante est une arme à deux tranchants. Les victoires qu'elle fait remporter sont des victoires à la Pyrrhus ; le vainqueur en souffre au moins autant que le vaincu.

On a vu des hommes battre leur femme pour se distraire, et s'ennuyer à périr dès qu'il étaient privés de ce passe-temps. Il n'est donc pas surprenant qu'il y ait des époux qui se font des querelles et des invectives une seconde nature. Ils en ont pris l'habitude, et ils sont comme des âmes en peine quand une circonstance quelconque les empêche de s'y livrer. Ici, bien entendu, je parle des femmes autant que des hommes, car aucun des deux sexes n'a le monopole de l'humeur hargneuse et de la langue vitupérante.

Les hommes ont même répandu le bruit que les femmes leur sont bien supérieures sous ce rapport. Elles grondent, jordonnent, gourmandent, s'exaspèrent et exaspèrent les autres du matin au soir, et, devant ce flux de paroles, on n'a qu'à fuir ou à se mettre au lit.

Certains maris, cependant, ne rendent par les armes sans combat. — « Prétendez-vous être plus fin que moi ? » s'écriait une femme en fureur en s'adressant à son mari. — « Oh ! mon Dieu ! non, répliqua-t-il posément. Le choix que nous avons fait, vous d'un mari, moi d'une femme, prouve assez que, si vous êtes fine, moi je ne suis pas fin. »

Dans les « petites discussions » c'est d'ordinaire la femme qui a l'avantage. — « Voyez-vous ! disait un mari difficile à contenter, il faut que nous nous arrangions de manière à savoir où chaque chose passe ici. » — « De tout mon cœur, riposta doucement la dame. Commençons tout de suite, et dites-moi où passent les heures de nuit où vous n'êtes pas à la maison, mon ami ! »

Ces prises de bec conjugales peuvent amuser la galerie — il est bien rare qu'on ait le bon sens de l'éloigner; — mais les combattants se rendent malheureux à plaisir. Combien ne vaudrait-il pas mieux être incapable de faire une repartie que d'employer ce talent à blesser ceux à qui nous avons voué notre amour !

Il existe un certain art de présenter les choses, que les gens mariés devraient étudier et pratiquer. Que de querelles on éviterait si l'on savait dire avec tact et courtoisie les vérités désagréables qu'il faut dire parfois !

Une espèce de gentilhomme campagnard se tenait debout au parterre, masquant de sa large carrure toute la scène à deux jeunes gens assis derrière lui. L'un d'eux lui dit d'un ton aimable : — « Pardon, monsieur ; lorsque vous verrez quelque chose de particulièrement intéressant sur la scène, voudriez-vous avoir l'obligeance de nous en informer? Car nous sommes absolument à la discrétion de votre bienveillance. » — Il n'en fallut pas davantage. Le campagnard sourit, balbutia quelque excuse, et s'assit. Pour tout le monde, cela valait mieux qu'une dispute.

Un mari voulait faire une aimable surprise à sa femme. — « Voici, ma chère, lui dit-il, un petit présent que je te fais, pour que tu aies bon caractère ! » — Réponse indignée de l'épouse, qui s'emporte en jurant qu'elle a bon caractère et que c'est son mari qui l'a mauvais ; querelle, gros mots, brouille, et finalement séparation. Si le mari avait offert son cadeau avec grâce, sa femme lui aurait sauté au cou.

Reprendre est un art très difficile. Tout le monde trouve à reprendre, à un moment ou à l'autre. Mais, en un grand nombre de cas, les observations perdent la moitié de leur effet et quelquefois même vont directement contre le but, à cause de la manière dont elles sont faites.

Je le répète : il y a des moments où il ne faut rien trouver à redire. Une partie de l'art consiste à distinguer ces moments sans hésitation ni erreur.

Celui qu'il faut éviter avec le plus de soin, c'est le temps du dîner. Si le repas est bon, notre droit, je dirais presque notre devoir, est de consacrer notre attention à ce que nous mangeons. La personne qui nous ennuie ou nous cherche querelle à table nous prive d'un plaisir et fait tort à notre santé. Que de maris, pourtant, choisissent ce moment pour donner carrière à leur mauvaise humeur, critiquer la tenue des enfants, le service, le bœuf trop cuit, les légumes durs, les plats froids, et le reste, eux exceptés! La pauvre femme ne peut plus manger, et, quant au mari, sa digestion s'en ressentira.

C'est un tableau bien différent que nous présente G. Droz dans ces lignes charmantes : « Ma foi, vive la table de famille, où s'assoient ceux qu'on aime, où l'on risque au dessert un coude sur la table, où l'on retrouve à trente ans le vin de son baptême ! »

La règle est de rire aux éclats au moins trois fois durant le dîner ; et si vous n'apportez pas à la table commune votre part de conversation aimable, de gaieté et de bonne humeur, vous feriez mieux de manger seul.

J'ai fait l'éloge du silence, qui est d'or, comme chacun sait. Mais il n'est pas de bonne chose dont on ne puisse abuser, et rien n'est désagréable et ridicule entre époux comme un silence obstiné et boudeur. Une réponse courte, mais tendre, suffit souvent pour éteindre la colère ou dissiper le malentendu.

Ève se taisait pour écouter son mari parler, nous apprend Milton. Hélas! depuis Adam, les femmes ne se taisent plus. Est-ce, comme le disait hier une jeune femme, qu'il n'y a plus, depuis Adam, d'homme qui vaille la peine d'être écouté?

Mais ne nous arrêtons pas à cette boutade. La vérité est qu'il faut éviter à tout prix la moindre querelle dans le ménage. Si malgré tout, il s'en élève, que l'un des deux, du moins, garde son sang-froid, et oppose un prudent silence aux violences et aux reproches, qui ne sauront plus où se prendre devant cette sage impassibilité.

CHAPITRE XVI

L'ATTELAGE TIRE

Un mari montrait à sa trop irascible compagne le chien et le chat, étendus côte à côte sur le tapis, devant le feu. Il en faisait une leçon allégorique et s'écriait : — « Si l'on pouvait seulement vivre dans cet accord avec sa femme ! » — « Un moment ! reprit la dame. Attache-les ensemble, et tu verras comme ils s'entendent. »

Les époux sont en effet attachés ensemble, et s'il arrive qu'ils s'accordent si peu, c'est qu'au lieu de faire effort dans la même direction, ils tirent chacun de leur côté. Au contraire, s'ils vont du même pas et vers le même but, quelle plus grande félicité que de sentir qu'ils sont unis pour la vie, pour se soutenir dans leurs travaux, se confier l'un à l'autre dans leurs peines, se soigner dans leurs maux, et, morts, n'être jamais séparés dans la mémoire des vivants !

Il n'y a pas bien longtemps qu'existait encore, dans une petite ville du comté d'Essex, appelée Dunmow, en Angleterre, une curieuse coutume. Toute personne mariée qui venait jurer, à genoux devant la porte de l'église, qu'elle avait passé un an et un jour sans querelle conjugale et sans regretter une fois d'être en ménage, avait droit à un jambon ou à une flèche de lard. De 1244 à 1772, c'est-à-dire en quatre cent vingt-huit ans, il ne se présenta que huit prétendants au jambon. J'aime à croire qu'il y en eut quelques autres dans cette période qui remplissaient les conditions voulues ; mais, en vérité, et sans déprécier en rien la charcuterie, le prix n'était pas proportionné au mérite.

Des époux bien assortis portent joyeusement la vie à deux. Ils multiplient leurs joies en les partageant, et diminuent leurs peines en les divisant entre eux. Habile et bienfaisante arithmétique ! Le char du ménage roule légèrement, parce qu'ils le tirent ensemble, et si la route est un peu difficile, s'il y a parfois des cahots, ils ne s'en aiment que davantage, et se rendent ainsi le labeur moins ardu.

« J'ai entendu un jour un joli mot de paysan, raconte Michelet. — Voyez ! il n'y a que huit jours qu'ils sont mariés, ils sont *déjà* si amoureux ! — Ce déjà est charmant. Il exprime une chose bien vraie, profondément humaine : qu'on s'aime à mesure qu'on se connaît mieux, qu'on a vécu ensemble et beaucoup joui l'un de l'autre. »

« La femme est pour son mari ce que son mari l'a faite, » a dit fort justement Balzac. C'est donc la sagesse du mari qui fait, d'ordinaire, la douceur de la femme; et rien ne les empêche alors de réaliser ce vœu que l'on adressait aux nouveaux époux du vieux temps : Une année de joie, une année de bonheur et toutes les autres de contentement.

Il en est tout autrement lorsque les liens conjugaux unissent deux personnes n'ayant aucune affinité morale, aucune sympathie, aucun goût commun. Le mariage est vraiment alors la plus insupportable des captivités, la pire des prisons.

Mais il faut bien se garder de se laisser aller sur ce sujet, à une sentimentalité malsaine ou à un découragement prématuré. Il est bien rare que l'on ne puisse pas, en faisant mutuellement les concessions et même les sacrifices raisonnables, arriver à l'entente et à l'harmonie dans le ménage.

Le docteur Johnson, dont le robuste bon sens est resté fameux, disait qu'il y a cinquante mille femmes dans le monde qui, l'une aussi bien que l'autre, peuvent rendre un honnête homme heureux. Il allait même jusqu'à prétendre qu.. y aurait autant de bons ménages, plus peut-être, si les unions étaient faites par l'autorité d'un juge qui, après mûre considération, les décideraient souverainement, sans même consulter les parties intéressées.

C'est une opinion qu'il est permis de ne pas partager. Je l'ai rapportée cependant pour mieux prémunir contre ces désespoirs et ces regrets qui ne font que creuser un abîme qu'un peu de patience et de savoir-faire suffirait à combler.

Entre époux, il doit y avoir dans les choses essentielles unité, dans les choses indifférentes, diversité, et en toutes choses, charité.

Quelle que soit l'affection, quel que soit l'amour, les nuances de caractère, les qualités de l'esprit et du cœur ne sont jamais tellement identiques qu'elles excluent toute possibilité de malentendu. Mais il ne saurait y en avoir quant aux principes et aux fondements même de la sympathie : l'amour du vrai, le respect du juste, l'horreur de tout ce qui est bas et vil. Là où ces sentiments existent, il est toujours possible d'établir l'harmonie et d'atteindre la mesure de bonheur dont les êtres humains sont capables.

Pour le reste, on s'attire plus qu'on ne se repousse par les contrastes. Et puis, non seulement on a bonne grâce, mais on goûte un plaisir intime, à céder à celui ou à celle qu'on aime, à lui faire de petits sacrifices de goût personnel, de vanité, d'opinion, de projets.

La grande condition d'une vie tranquille dans le mariage, c'est la charité, l'indulgence, la tolérance. Il y a des maisons où la lutte pour la suprématie est constante. Du matin au soir — et plus longtemps encore — l'homme et la femme se disputent l'autorité. Rien n'est plus misérable. Qu'ils luttent donc à qui aimera le mieux, et cette question, indigne d'époux qui se respectent, ne surgira même pas.

Les pieds, les mains, les sourcils, les dents, tout, dans l'homme, concourt au même but. Il en doit être de même des hommes entre eux, a dit Marc-Aurèle. Agir les uns contre les autres est chose contre nature. Cette parole d'un sage est surtout applicable aux gens mariés.

Si l'on doit marcher en sens opposé, se consacrer à des intérêts contraires, c'est folie que de s'épouser. Le charbonnier et le farinier peuvent être amis ; mais ils ne vivent point ensemble parce que partout où l'un mettrait du blanc, l'autre mettrait immédiatement du noir.

Le secret de marcher d'accord et de tirer ensemble le chariot de la vie, c'est d'éviter les immixtions maladroites, de ne pas se mêler mal à propos de ce qui regarde plus particulièrement son compagnon d'attelage. Un mari qui a confiance en sa femme ne doit pas plus faire le tatillon dans les choses du ménage dont elle a la charge que la femme ne doit le tourmenter de questions sur ses affaires du dehors. Ils n'iront jamais ensemble si le mari épluche les notes de la semaine, s'informe de ce que le beurre et le saindoux coûtent la livre et veut savoir dès le matin ce qu'il aura le soir à dîner.

Je l'ai déjà dit : il est presque indispensable à la félicité conjugale que le mari soit absent au moins six heures par jour.

— « Quelle ressemblance trouves-tu entre un mari et de la farine en pâte ? » demandait Jean-Jean à sa femme. Il croyait qu'elle allait donner sa langue aux chiens, et s'apprêtait à lui dire : « C'est que la femme a besoin des deux dans le ménage », lorsqu'elle répondit tranquillement : — « C'est que l'un s'attache à nos jupes comme l'autre à nos doigts. »

Cette théorie de la non-intervention est quelquefois poussée trop loin dans la famille comme en politique. C'est, par exemple, une exagération évidente que de répondre à une servante qui vient vous prévenir que la maison brûle : — « Allez dire cela à votre maîtresse ; vous savez que je ne m'occupe pas des affaires de l'intérieur. »

Il y a des occasions où il n'est ni au-dessus de la dignité du mari, ni contraire aux intérêts de la félicité domestique, de remplacer la femme dans les détails et les soins du ménage. La maladie, la douleur, toutes les circonstances où l'épouse ne peut plus vaquer à sa part d'occupations, imposent à l'époux le devoir de suppléer sa compagne et de tirer le char à lui seul.

Les enfants, cette bénédiction suprême des ménages, apportent avec eux leur danger. L'instinct de ces petits êtres est d'une finesse et d'une pénétration merveilleuses. Que l'un s'aperçoive d'une secrète préférence de la mère ou du père à son endroit, il comblera de caresses et de marques d'affection celui de ses parents qu'il sentira partial pour lui ; les autres se porteront naturellement de l'autre côté, et ainsi se trouvera établi, sans qu'on en ait même le soupçon, un antagonisme gros de menaces pour le calme et le bonheur du foyer.

Un caractère trop méticuleux, qui s'attache aux minuties, devient aisément insupportable. Chercher la petite bête est un mauvais moyen de se rendre aimable et de rendre la vie facile à autrui. Il faut de la largeur d'esprit, voir les choses de haut et en bloc, et, encore une fois, savoir fermer les yeux à propos.

Sans doute rien n'est plus beau que cette conception de l'idéal qui fait que l'on aspire toujours à la perfection. Mais il ne faut pas oublier que le mieux est l'ennemi du bien, et qu'en voulant monter jusqu'au soleil, on risque de se brûler les ailes et de tomber à plat sur le sol.

Cette faculté de concevoir et de désirer le mieux, si elle n'est pas tempérée et dirigée par le bon sens, la patience, l'intelligence vraie de la nature des choses, introduit un principe morbide de mécontentement qui court dans tous les membres de la famille comme un subtil poison.

L'homme trop difficile à satisfaire arrive promptement, par son honnêteté même, à être grognon et amer. Il s'emporte, rage, fume, blâme, gronde, tempête, parce que tout n'est pas parfait dans ce monde d'imperfection.

Nul n'est heureux, s'il ne sait mettre chaque chose à sa place, et régler ses exigences et ses désirs.

Presque tout le monde voit où est le mal et où serait le bien. Mais les rêveurs s'usent à la poursuite décevante d'une perfection insaisissable, tandis que l'esprit pratique se contente de ce qui peut humainement s'obtenir.

C'est une maxime bien connue de ceux qui ont à diriger les hommes, qu'il faut demander le plus pour avoir le moins. Si les choses se passent autour de vous la moitié aussi bien que vous le voudriez, soyez sûr que vous avez tout sujet d'être content.

Pourquoi s'irriterait-on de ne pas pouvoir rendre les autres aussi parfaits qu'on le désire ? Pouvons-nous nous rendre nous-mêmes aussi parfaits que nous le désirons ?

Là comme ailleurs le sage se contente de peu.

CHAPITRE XVII

LE MARIAGE EST L'ÉCOLE DU CARACTÈRE

— « Avez-vous jamais vu rien de si absurde qu'un cheval les quatre fers en l'air, comme celui-là ? » s'écriait un amateur en examinant un petit tableau. — « Permettez, fit remarquer le marchand. Vous le prenez à l'envers ; c'est un cheval qui galope. » — C'est ainsi que tout dépend de la façon d'envisager les choses.

Peut-être bien des gens y trouveraient-ils leur compte, si, au lieu de regarder le mariage comme le chemin le plus court vers les félicités paradisiaques de l'amour, ils le considéraient comme une école où se forme le caractère. Que de

10

déceptions ne s'éviteraient-ils point ! La fortune vient en dormant, et le bonheur quand on ne le cherche pas.

On ne saurait croire combien de choses le mariage peut enseigner. Un homme d'expérience nous disait que sa première femme l'avait guéri du romanesque, que la seconde lui avait appris à être humble et modeste, et que la troisième avait fait de lui un philosophe. Un autre vétéran de la vie conjugale croit qu'il suffit de cinq ou six années de mariage pour amener un homme irascible à un état tellement angélique, qu'il ne faudrait que lui faire cadeau d'une paire d'ailes, pour qu'il s'envolât aux cieux.

On a dit que le mariage était ou paradis ou enfer, et n'admettait point de purgatoire. Je connais cependant beaucoup d'époux qui vivent dans une région intermédiaire, ni enfer ni paradis. Ils ne sont ni extrêmement heureux, ni extrêmement misérables, et ce n'est pas sans acquérir de sérieuses qualités et sans perdre bien des défauts qu'ils font leur purgatoire ici-bas.

Si les mariages médiocres, ou même mauvais, sont ainsi pleins d'enseignements profitables, que sera-ce d'une union bien assortie ! Le mariage complète l'homme et la femme. Les jouissances du célibat, quelles qu'elles puissent être, n'ont qu'un champ limité, et ne s'adressent qu'à une partie de notre nature. Un célibataire, si parfait soit-il, n'atteindra jamais à l'entier développement auquel peut arriver l'être humain, tant qu'il restera étranger aux sentiments et aux émotions que le mariage seul procure. Il est développé d'un côté, et atrophié de l'autre? Il lui manque la symétrie morale, si je puis dire.

Des deux côtés, le mariage met en jeu certains des plus nobles ressorts de notre nature. L'identité d'intérêts d'où résulte la confiance mutuelle, les égards tendres et chevaleresques du mari pour l'être plus faible qui s'est donné à lui, le dévouement et le respect de la femme pour celui à qui elle s'est donnée, leur amour réciproque avivé par les qualités que chacun d'eux voit ou imagine chez l'autre, exercent une influence purifiante, délicate, élevée, et, chez beaucoup de personnes, mystique et presque religieuse.

On a eu raison de dire : « La première condition pour que l'homme soit bon, c'est qu'il ait quelque chose à aimer; la seconde, qu'il ait quelque chose à respecter. » Ces deux conditions se rencontrent dans un mariage bien assorti.

C'est Sainte-Beuve qui a dit : « La vie de famille

peut être pleine d'épines et de ronces; mais ce sont des ronces qui portent des fruits; toutes les autres sont stériles. » Il devait le savoir, et, lorsqu'on songe à la vie privée de ce célibataire endurci, on ne peut s'empêcher d'être ému de l'amertume et des regrets que trahit un tel jugement.

CHAPITRE XVIII

LA QUESTION DES DOMESTIQUES

La question des bonnes est à l'ordre du jour chez les dames. Elles ne tarissent pas sur ce sujet. On n'entend que plaintes et lamentations. Si le malheur des autres pouvait leur être une consolation, je prendrais la liberté de prier nos dames d'Europe de regarder ce qui se passe dans l'Amérique du Nord et dans certaines colonies

Une Anglaise me racontait qu'étant dans l'île Bermude, elle eut besoin d'une nourrice. Un jour qu'elle était assise sous sa véranda, une personne de couleur, disposée à accepter l'emploi, se présenta à elle avec ces mots : — « N'êtes-vous pas la *femme* qui chercher une *dame* pour nourrir son bébé ? »

Dans ces pays, les serviteurs se croient, non pas égaux, mais fort supérieurs à ceux qui ont besoin de leurs services. Si vous montrez la moindre répugnance à laisser à leur disposition les provisions que vous destinez à la subsistance de votre famille, ils disparaîtront de chez vous du jour au lendemain. Toute servante compte entretenir un ou deux membres de sa parenté dans la maison de son maître. Si vous osez aller contre, elle vous quitte, et votre réputation de mesquinerie s'établit si bien que vous êtes des mois sans trouver personne pour occuper la place laissée vacante. C'est à faire regretter celle qui disait à sa maîtresse :

— « Madame, je veux être raisonnable ; mais il me faut trois choses : de plus gros gages, moins d'ouvrage et les clefs de la cave. »

Chez nous, pour n'avoir pas atteint ce degré d'acuité, le mal n'en est pas moins réel et gênant. Nous examinerons si la faute n'en est pas, en partie, à ceux qui s'en plaignent le plus, aux maîtres et aux maîtresses. Que de parents qui gâtent leurs enfants, et s'étonnent de les voir devenir insupportables ! Aurait-on beaucoup de peine à trouver des maîtres qui gâtent leurs domestiques par une inégalité d'humeur qui passe de la colère pour la moindre faute à l'insouciance pour les plus grandes, par un traitement qui varie sans raison de la familiarité excessive à la plus hautaine froideur, par le mépris de la nature humaine chez des êtres qui sentent et pensent comme nous?

Les conditions de la domesticité ont, d'ailleurs, changé notablement dans ce siècle. Sans remonter aux Romains, qui, dans la *familia,* comprenaient leurs esclaves, les domestiques de l'ancien temps participaient plus ou moins à la vie de leurs maîtres; ils s'intéressaient, s'attachaient à la maison où ils étaient nourris, en partageaient jusqu'à un certain point les joies et les peines. En cet heureux temps, les domestiques se sentaient si bien chez eux dans la maison du maître qu'ils n'en partaient pas chaque fois qu'on leur donnait leur congé. On sait l'histoire de ce cocher qui, renvoyé par son jeune maître, lui dit avec une tranquille conviction : — « M'en aller ? Non, non; je vous ai conduit le jour de votre baptême; je vous conduirai le jour de votre enterrement. » — Et celle de la cuisinière qui, sommée de rendre son tablier, refusa, en disant : — « Si vous ne savez pas quand vous avez une bonne servante, moi je sais quand j'ai une bonne maîtresse, et j'entends la garder. »

Aujourd'hui, les serviteurs sont des pierres qui roulent et n'amassent de mousse ni pour eux, ni pour ceux qui les emploient. Une dame disait devant moi, qu'elle avait eu quatorze bonnes en moins d'un an. Comment aurait-elle pris intérêt à tous ces oiseaux de passage ? Quant aux serviteurs, l'idée ne leur vient même pas qu'ils pourraient se considérer comme de la famille. Pour eux, le maître n'est que l'homme qui paie, et la maîtresse la femme qui gronde. Il se creuse un abîme de plus en plus profond entre ces deux classes, qui vivent l'une par l'autre et sous le même toit.

Quoi qu'il en soit, les chefs de famille sont responsables de leurs domestiques presque autant que de leurs enfants. Ils doivent veiller sur eux, leur éviter les occasions de mal faire, les engager, de parole, d'exemple, et de toute manière, à faire bien. Ce sont des frères et des sœurs plus humbles, dont nous avons la garde, et c'est nous qui, dans une grande mesure, sommes coupables des vices auxquels nous les tentons.

On sonne. Madame murmure précipitamment à sa bonne : — « Dites que je n'y suis pas. » — A qui est le mensonge, à la fille ou à la maîtresse ?

Prendrai-je un autre exemple ? Le maître de la maison se faisant le corrupteur de la servante et débauchant celle qu'il devrait protéger. Ce tableau n'est pas rare ; on me dispensera d'en reproduire les détails.

Dans le service même, il est incontestable que

la plupart des défauts des domestiques sont dus à la nonchalance de la maîtresse, qui se contente d'une besogne mal faite et dissipe leurs scrupules en laissant elle-même aller les choses à l'abandon.

Si l'on veut de bons serviteurs, il faut les former soi-même. Mais il est bien plus aisé de gâter que de corriger ; on s'en aperçoit aux résultats.

Une recette infaillible pour gâter les domestiques, c'est de leur laisser voir qu'on a peur d'eux. Cette faiblesse leur est infiniment plus funeste que la brutalité. Que de servantes ont pris de mauvaises habitudes devenues indéracinables, parce que, dès l'origine, la maîtresse n'a pas osé les gronder vertement !

On doit donner ses ordres d'un ton poli, mais ferme, comme quelqu'un qui a l'habitude d'être obéi. La question se trouve du premier coup simplifiée lorsque le domestique comprend qu'il doit céder ou partir.

S'il y a à reprendre, faites-le sévèrement et une fois pour toutes. Point de récriminations ni de reproches ressassés à satiété. Rien n'est plus agaçant et intolérable.

— « Pourquoi voulez-vous quitter mon service? » demandait un maître à son valet de chambre. — « S'il faut dire la vérité à monsieur, c'est que je ne peux pas me faire au caractère de monsieur. »

— « Sans doute, je suis un peu vif ; mais ma colère n'est pas plus tôt venue qu'elle est partie. » — « Oui, mais elle n'est pas plus tôt partie qu'elle revient. »

On ne risque pas de gâter ses domestiques en les consultant à l'occasion ; mais on aurait tort de vouloir qu'ils pensent à tout à notre place et substituent leur initiative à la nôtre. Avec ce système, on leur inculque une vanité et une suffisance insupportables, et quand on se permet de leur donner des instructions, on s'attire des réponses comme celle-ci : — « Bien, bien, monsieur. Vous vous y connaissez mieux que personne ; mais je m'y connais mieux que vous. »

Sans tomber dans cet excès, on fait bien de donner aux domestiques, chaque fois que cela se peut sans inconvénient, la raison de ce qu'on leur commande. Ils en prennent plus d'intérêt à leur besogne, et voient qu'on ne les considère pas comme de simples machines.

Qu'une maîtresse de maison ne craigne jamais d'exiger de ses gens le respect qui lui est dû. Elle l'obtiendra aisément si elle sait leur faire remarquer que chaque condition dans la vie a sa dignité propre, et que nul n'est plus respectable qu'un bon et fidèle serviteur.

Nous devons avoir autant de reconnaissance à

nos domestiques pour les services qu'ils nous rendent, que nous en attendons d'eux pour la satisfaction des besoins matériels que nous leur offrons. C'est une obligation réciproque dans toute la force du terme. Le maître doit le savoir, et montrer, par son ton et ses manières, qu'il ne l'oublie pas.

On accorde du répit aux bêtes de somme. Il serait monstrueux d'en refuser à nos serviteurs. Un homme ne peut pas donner toutes les minutes de son temps à un autre. Il lui faut quelques moments de liberté, où il s'appartiendra à lui-même, se retrempera dans le milieu de son choix. Il en reviendra plus dispos, et n'en fera que mieux son ouvrage quotidien.

Ceux qui ont conscience de leur responsabilité en ce qui regarde leurs serviteurs, chercheront à leur procurer des distractions innocentes, seul moyen de les empêcher de prendre en cachette celles qui ne le sont pas. Pourquoi ne pas envoyer à la cuisine, lorsqu'on n'en a plus que faire au salon, les journaux et les publications que l'on jette au rebut? On éliminerait ainsi cette littérature écœurante et dangereuse, qu'on a si bien nommée la littérature des cuisinières.

Une bonne maîtresse de maison sait jusqu'à quel point le bien-être intérieur dépend des domestiques. Plus elle apprécie leur concours, plus elle s'étudie à leur rendre la vie agréable. Elle tient la main à ce que leurs repas se prennent régulièrement, et, autant que possible, sans qu'on les dérange. Elle ne croit pas que le premier trou venu soit bon pour faire une chambre de bonne. Elle ne met pas ses domestiques en dehors du cercle de ses sympathies. Elle tient à leur faire sentir qu'elles font partie de la maison, que, si elles ont à porter le poids du labeur, elles sont admises à jouir pour leur part des plaisirs et des joies. Ce traitement ne fait pas toujours des ingrates. Sans rappeler des exemples célèbres, sans parler de ces vertus obscures à qui le prix Monthyon donne chaque année une notoriété d'un jour, qui ne connait, dans la sphère de ses relations ou dans son voisinage, quelque servante dévouée, prête à se sacrifier pour ses maitres? L'espèce en devient de plus en plus rare, dit-on. Ne serait-ce pas parce qu'on la cultive de moins en moins? Et d'ailleurs, à défaut de leur gratitude, la maîtresse de maison qui agit comme je viens de dire n'est-elle pas heureuse du bien qu'elle fait, satisfaite du devoir accompli?

Il ne faut pas croire que les domestiques n'aient pas leur point d'honneur et leur susceptibilité. On connait l'histoire de Vatel. En voici une autre du même genre, plus moderne et moins tragique.

Lord Seaford avait un cuisinier français nommé Félix, dont il dut se séparer par raison d'économie ; le noble lord réduisait son train de maison. Félix entra chez le duc de Wellington. Peu après il revint, les yeux pleins de larmes, demander à son ancien maître de le reprendre : il acceptait les gages qu'on lui donnerait, rien du tout même ; mais il ne voulait pas rester davantage chez le duc. Lord Seaford voulut savoir pourquoi. — « Le duc a-t-il eu des reproches à vous faire ? » — « Oh ! non, mylord ; je serais resté, s'il m'en avait fait. Mais voici : un jour je lui sers un dîner qui aurait fait crever Ude et Francatelli de jalousie ; il ne dit mot. Le lendemain, je vais me promener et je lui fais servir un méchant dîner préparé par la fille de cuisine ; il ne dit mot... J'ai été blessé dans mes sentiments, mylord, très blessé. »

Une grosse question, c'est celle des certificats. La moitié des difficultés qu'on trouve à avoir de bons serviteurs vient du peu de franchise, tranchons le mot, de la fausseté déshonnête que l'on met dans les renseignements qui nous sont demandés sur nos anciens domestiques. On leur donne de bons certificats même quand on les renvoie pour incapacité ou pour fautes graves ; parce qu'on désire avant tout se débarrasser d'eux et s'éviter les plaintes et les mauvaises paroles de la dernière heure. Si l'on est appelé à donner des renseignements de vive voix, on se tient dans des généralités ; on se retranche derrière des réponses évasives. On a scrupule de faire perdre à ces gens une occasion de gagner leur vie. Il arrive d'ailleurs que la personne qui s'informe vous sait mauvais gré d'une trop grande franchise qu l'oblige à recommencer ses recherches et à ne pas prendre un domestique dont le premier abord lui a plu, et qui est d'autant plus désireux d'entrer dans une nouvelle place qu'il a moins de chance de rester dans aucune.

Que de servantes ont remporté de flatteuses lettres de recommandation, lorsqu'elles n'en méritaient qu'une d'après la formule ci-dessous :

« Je certifie que la porteuse du présent est restée chez moi une année — moins onze mois. Pendant ce laps de temps, elle s'est montrée active — à sortir ; sobre — au travail ; soigneuse — e sa petite personne ; prompte — à s'excuser ; affable — pour les hommes ; fidèle — à ses amoureux, et honnête — quand il n'y avait rien à prendre. »

On a quelquefois mis en avant l'idée d'instituer des écoles où se formeraient les domestiques. Je crois, hélas ! qu'il faudrait remonter plus haut et fonder des écoles où se formeraient les maîtres et les maîtresses. Tels maîtres, tels valets, dit le proverbe. Si tant de ceux-ci sont mauvais, il faut bien en conclure, sans vouloir blesser personne, que la plupart des premiers ne valent pas grand'chose. Il est certain d'ailleurs que, s'il est plus agréable de commander que d'obéir, commander est infiniment plus difficile.

Une maîtresse de maison, particulièrement, saura comment et quand chaque chose doit se faire, afin de pouvoir donner des instructions précises, et reprendre lorsque ses ordres ne sont pas exécutés. Si elle met elle-même la main à l'œuvre, que ce soit pour s'épargner une servante de plus, et non pas pour aider celles qu'elle a. Plus on cherche à aider, plus on est, d'ordinaire, mal servi. Faites comprendre aux servantes que vous aussi, vous avez vos devoirs à remplir, et que, si vous prenez des domestiques, c'est pour pouvoir, de votre côté, vaquer aux obligations de votre condition. Dans la plupart des maisons de la ville on a un frotteur pour les parquets et tout le linge se donne à blanchir au dehors ; dans beaucoup on a quotidiennement des femmes de ménage pour aider à laver la vaisselle, éplucher les légumes, monter le charbon, battre les tapis, faire le gros, comme on dit. Ce sont là presque toujours des abus fâcheux. Les maitresses devraient s'unir en une ligue tacite, dans l'intérêt des servantes comme dans le leur, pour mettre des bornes à ces encouragements à la paresse, dont le seul résultat est de rendre les filles à la fois exigeantes et incapables, et de justifier ce que disait de ses collègues une jeune servante que ce système n'avait pas encore gâtée : — « Elles veulent toutes des places où tout l'ouvrage se fait dehors. »

CHAPITRE XIX

APPRENTISSAGE NÉCESSAIRE

Au double point de vue du bonheur des parents et de l'intérêt des enfants, la connaissance des vraies méthodes d'éducation, pour le développement physique, intellectuel et moral, est d'une importance capitale. On a le droit de s'étonner que dans tout le cours des études destinées à préparer à la vie, ni le jeune homme ni la jeune fille ne reçoivent un mot d'enseignement à ce sujet. Il semblerait, comme le dit Herbert Spencer, que les faiseurs de programmes n'aient nulle part prévu que les jeunes-gens qu'ils ont à former seraient un jour pères ou mères de famille. Ils auraient eu à rédiger un plan d'études pour des personnes destinées au célibat à perpétuité, qu'ils n'auraient pas fait autrement.

Les parents entrent donc dans l'exercice de leurs fonctions avec tout le zèle et toutes les bonnes intentions imaginables, mais sans autres notions que celles que peut fournir le hasard des coutumes irraisonnées, de l'inspiration et de la fantaisie, joint aux conseils de gardes ignorantes et aux préjugés des grand'mères. Tout le monde admet qu'il faut une certaine préparation pour être marchand, soldat, chirurgien, tailleur ou chapelier. Mais il semble qu'il n'en faille aucune pour assumer la responsabilité d'élever des enfants et de faire des hommes.

Aussi quels sont les résultats? Qui dira jamais combien l'ignorance des parents touchant les lois les plus élémentaires de la vie, cause de morts précoces, d'existences misérables, ou de cerveaux faibles et de consciences atrophiées?

Un exemple entre mille, et le plus familier, pour qu'on ne m'accuse pas de charger les couleurs. Nos vêtements ne sont, relativement à la température de notre corps, que l'équivalent d'une certaine quantité d'aliments; car, en diminuant la déperdition de la chaleur, ils diminuent la quantité des matières nécessaires à l'entretien de cette même chaleur. C'est une vérité qu'ignorent sans doute les parents qui couvrent à peine leurs enfants, afin de les « aguerrir », ou qui ne leur permettent qu'une promenade bien raisonnable à la main d'une grande personne, au lieu des gambades et des jeux exubérants dont tous les jeunes animaux ont besoin et qui développent la chaleur.

Il y a des pères de famille qui mettent leur orgueil à avoir des prix aux concours régionaux pour leurs moutons et leurs porcs, et qui ne s'inquiètent jamais des aliments et du régime qu'il faudrait faire suivre à leurs enfants.

De même pour la culture intellectuelle. On ne sait pas que les enfants sont des observateurs constamment aux aguets, des curieux insatiables, et que les êtres et les objets qui les entourent sont pour eux les seuls maîtres dont ils reçoivent de profitables leçons. Si on le savait, on ne chargerait pas leur mémoire de notions abstraites que leur esprit n'entend pas. On s'étonne ensuite qu'il y ait si peu de gens véritablement sensibles aux beautés et aux phénomènes de la nature. Ce sentiment, où l'auraient-ils puisé ? A l'âge où ils auraient épelé avec ravissement l'alphabet des champs, du bois, du ciel, de la mer, de tout « ce qu'on entend, on voit et l'on respire, » exerçant librement et joyeusement leur faculté d'observation, on les a attelés à la grammaire, aux langues, à l'arithmétique, et à je ne sais combien d'études, dont l'énumération devient plus longue chaque jour. Ce que l'enfant voit de la nature, il le voit à travers les livres, c'est-à-dire par les yeux des autres ; et ce qu'il en saura dans le reste de sa vie ne sera qu'une érudition de mots.

Mais quelque importante que soit pour les parents la connaissance de ces lois, si négligées et si transgressées, il s'en faut, lorsqu'ils l'ont acquise, qu'ils soient suffisamment préparés à leur mission.

Un jeune homme interpelle un jour un homme grave d'un bout du salon à l'autre en lui disant : — « Monsieur, me conseillez-vous de me marier ? » — L'homme grave, peu flatté de cette apostrophe qu'il trouve irrespectueuse, réplique vertement : — « Monsieur, je ne conseillerai jamais le mariage à un homme incapable d'engendrer le bon sens. »

Cette restriction devrait bien s'étendre à toutes les personnes incapables d'engendrer des corps robustes et des âmes saines. Il est d'avance avéré que les infirmités et les vices de certaines gens gâteront et ruineront, non seulement l'existence de la personne qu'ils épouseront, mais encore celle de leurs enfants. Le funeste héritage se transmettra nécessairement, fatalement, à la génération qui viendra d'eux. Que n'est-il possible d'empêcher ces gens-là de se marier ? Si cela se pouvait, le monde aurait bientôt changé de face.

Sans doute il y a des cas de prohibition. Mais ils sont restreints à la parenté, et encore n'est-il pas bien sûr que ces interdictions d'union entre les consanguins soient, physiologiquement, une mesure aussi sage qu'on le répète communément. Ne serait-il pas aussi prudent au moins d'interdire le mariage aux malheureux atteints de maladies héréditaires, aux ivrognes invétérés, et même à ceux dont le mauvais caractère ou l'égoïsme évident sont incompatibles avec l'esprit de sacrifice et d'harmonie qui doit régner au foyer conjugal ?

S'il n'était permis de se marier qu'aux meilleurs d'entre nous, hommes et femmes, quelle génération il y aurait dans trente ans !

Ce souhait n'est sans doute pas réalisable en son entier ; mais n'y a-t-il pas de ce côté beaucoup à faire ?

Bah s'écrient les sceptiques et les indolents ; pourquoi songer aux intérêts de la génération prochaine ? Est-ce que la génération prochaine fera jamais rien pour nous ?

La réponse est facile, bien qu'elle ne soit pas propre à convaincre ceux pour qui tout est dans l'heure présente et qui ne songent qu'à eux. Nous n'avons pas le droit de léguer à nos enfants un héritage de misères; nous n'avons pas le droit de multiplier une vie empoisonnée dans sa source. Ceux qui se mettent sciemment dans un tel cas sont moralement aussi coupables que s'ils estropiaient ou infectaient un enfant de bonne santé et de membres sains.

Ce n'est pas assez de penser à cela avant le mariage et de se laisser guider dans son choix par cette considération. Il faudrait, une fois marié, avoir assez de raison pour résister à des habitudes ou à des modes souvent homicides. Il faudrait savoir faire bon marché de sa vanité et du qu'en-dira-t-on, lorsqu'il s'agit de sa santé et de celle de ses enfants.

Les corsets trop serrés, les chaussures trop étroites, ont fait et font encore par milliers de lamentables victimes. Je n'insisterai pas. Les médecins mènent depuis longtemps une active campagne contre ces abus. Je leur abandonne l'hydre, avec le regret de constater que, malgré leurs efforts, ils n'ont pas jusqu'ici réussi à trancher toutes ses têtes d'un coup.

CHAPITRE XX

A QUOI SERVENT LES ENFANTS

Lorsque Franklin découvrit l'identité de l'éclair et de l'électricité, on lui demanda : « A quoi cela sert-il ? » Le philosophe répliqua : — « Et les enfants, à quoi servent-ils ? A faire des hommes. »

Voilà une question qui n'en est pas une pour nos jeunes mariés. Leur fils ne peut-être qu'un grand homme, un héros, l'appui et la gloire de leur vieillesse.

Pour mon compte, je sais ce que valent les enfants. Sans eux, la vie n'aurait bientôt plus pour nous ni attraits ni raison d'être. Quoi de plus triste

Que le nid sans oiseaux, la maison sans enfants ?

C'est un corps d'où est absente l'étincelle de vie, un instrument qui n'a plus de cordes et ne rend plus de sons.

« Il y a dans l'amour, dit Proudhon, un moment d'enthousiasme que ne connaissent ni le sensualiste voluptueux, ni l'amant platonique, c'est quand, après les premiers jours de bonheur, l'homme est saisi tout à coup, au sein des joies conjugales, de l'idée de paternité. »

On a dit que les enfants sont une source de chagrins assurés et de joies incertaines. Il n'en est pas ainsi lorsqu'on les élève convenablement. L'amertume dont certains parents sont abreuvés, vient le plus souvent d'eux-mêmes. Ils ont empoisonné la source de leur félicité. Quand leurs enfants étaient petits, ils les ont traités comme des jouets, cédant à leurs moindres caprices, sacrifiant à leurs fantaisies du moment leur bonheur à venir. Puis, lorsque le charme de la petite enfance a été passé, ils ont brusquement adopté un système de sévérité et de rigueur, et ont cherché à réprimer violemment, mais trop tard, les défauts dont ils avaient eux-mêmes cultivé le germe.

Celui qui n'aime pas ses enfants est un monstre rare, et je n'ai pas à m'en occuper. Mais c'est peu que de les aimer. Jouir de la mélodie de leur voix, de leur babil enfantin, de leurs jeux, de leur grâce, de leurs colères si promptes et si vite apaisées, de cette délicieuse et indéfinissable atmosphère qui les enveloppe, c'est un privilège qui vaut la peine d'être acheté. Il faut les initier à la vie, les mener pas à pas vers le bien, leur montrer en soi la beauté d'une vie droite, et la sérénité d'une conscience en repos.

Si rien n'égale la joie de voir nos enfants grandir à notre ombre et se préparer à tenir dignement notre place après nous, quelle douleur est comparable à celle de les perdre et de se sentir, vivants, mourir en eux ? Hélas !

Qui n'en a pas perdu, de ces têtes si chères ?

Cuvier survécut à ses quatre enfants. A 77 ans, le poète Moore écrivait : « Le dernier de nos cinq enfants est parti. Et nous, nous restons, seuls et désolés. » Victor Hugo mena le deuil de ses fils après avoir pleuré sa fille dans des vers qui, eux, du moins, ne périront pas. Mais tous ces illustres hommes avaient ou la science, ou la poésie pour bercer leur douleur, et leur cœur brisé palpitait dans un rayonnement de gloire. Plus horrible encore est, il me semble, le désespoir des pauvres parents qui enferment dans le petit cercueil, avec le corps froid de leur chérubin, tous leurs intérêts.

toutes leurs affections, toutes leurs passions ici-bas.

J'ai entendu des personnes sages, ou qui passaient pour telles, blâmer les nombreuses familles dans les ménages peu aisés. « N'est-ce pas ridicule, quand on gagne à peine pour deux ou pour trois au plus, d'avoir toute une nichée d'enfants? »

Cela me remet en mémoire l'anecdote de ce gros commerçant qui, lorsqu'un de ses commis était en retard, accueillait invariablement l'excuse donnée par ces mots : — « C'est bien, c'est bien ; mais ne recommencez pas. » — Un matin, à son enquête sur la cause d'un retard l'employé fit, non sans embarras, cette réponse : — « La vérité, monsieur, c'est que ma famille s'est augmentée ce matin d'un bébé, et il m'a été impossible de venir plus tôt. » — « C'est bien, c'est bien ; mais ne recommencez pas. »

Il y a des parents qui trouvent aussi que c'est bien d'avoir un, ou même deux enfants ; mais qui, au delà de ce nombre, pensent qu'il ne faut pas recommencer. Il n'est pas prouvé que ces calculs soient plus raisonnables que la confiance de ceux qui « recommencent » au gré de la nature.

Un enfant unique donne souvent autant de peine qu'une nombreuse famille. Et s'il meurt, non seulement le vide est immense, mais il ne reste plus rien pour le combler. L'intérêt des parents n'est, d'ailleurs, pas seul en jeu. Les enfants unique sont d'ordinaire mal élevés ; on leur cède en tout ; gâtés dans leur petite jeunesse, ils restent gâtés moralement toute leur vie, à moins que la faiblesse de leurs parents ne les conduise prématurément à la mort.

Et puis, qu'entend-on par nombreuse famille? Une pauvre femme se plaignait du bureau de bienfaisance qui, disait-elle, ne lui distribuait pas les secours auxquels elle avait droit, tandis que sa voisine obtenait tout ce qu'elle voulait, bien qu'elle n'eût pour ainsi dire pas de famille, seulement neuf enfants. — « Seulement neuf ! Et combien en avez-vous donc, ma brave femme ? » — « Quatorze vivants. »

Et, après tout, quatorze n'est pas un si gros nombre, une fois qu'on y est habitué. On se rappelle l'histoire de ce père de famille commençant un récit par ces mots : « L'autre jour je traversais la rue de Rivoli avec quatorze de mes filles... » Un éclat de rire l'empêcha de continuer. Il y avait pourtant quelque chose d'héroïque dans le ton naturel et l'air de simplicité avec lesquelles il parlait de cette notable fraction de sa progéniture.

Une bonne promenait un petit enfant dans un jardin. — « Est-ce un garçon ou une fille ? » demanda le jardinier. — « Un petit garçon, » répondit la bonne. — « Tant mieux, dit le bonhomme. Il n'y a que trop de femmes dans le monde. » — « Dites donc, l'homme, riposta vivement la fille, ne savez-vous pas que ce sont les bonnes graines qu'on sème le plus ? »

Sur cette question du nombre des naissances féminines les résultats des statistiques sont contradictoires. Quoi qu'il en soit, il est naturel que les parents désirent des filles et des garçons. Il faut les deux pour compléter une famille. Les garçons empruntent aux sœurs quelque chose de leur douceur et de leur délicatesse, et celles-ci prennent de leur côté un peu de l'initiative et de l'indépendance des garçons.

Quelle que soit la joie qu'apportent les enfants, encore est-il qu'on peut être heureux dans une union même inféconde. Si l'amour des deux époux ne suffit pas à leur remplir le cœur, si le désir irréalisé d'avoir des enfants menace de troubler l'harmonie, qu'ils regardent autour d'eux et ils verront, dans trop de familles où les enfants sont un malheur ou un fléau, des raisons de se contenter de leur sort.

Une dame, après avoir longtemps gémi de n'avoir pas d'enfant, eut enfin un fils sur lequel elle veillait avec une joie pleine d'anxiété. — « O mon Dieu, disait-elle, épargnez les jours de celui qui est ma bénédiction ! » — Ses jours furent épargnés;

il atteignit l'âge d'homme, dévora une jolie fortune, épousa une servante et fit mourir sa mère de chagrin.

Une autre était aussi inconsolable de rester sans enfant. A la fin, elle se sentit mère. Sa joie fut incomparable. Le moment de l'épreuve arriva. Pendant quatre jours et quatre nuits, elle souffrit des douleurs que rien ne pouvait soulager. Enfin ses cris cessèrent : au même moment, elle donnait le jour à deux enfants, et elle n'était plus qu'un cadavre.

Une autre encore, mère passionnée, se penchait sur le lit de son enfant mourant, et criait :

— « Je ne veux pas, je ne veux pas qu'il parte. » — L'enfant resta, il guérit : vingt-deux ans après, la mère encore vivante, il était condamné comme assassin et mourait sur l'échafaud.

Et lorsque l'enfant, longtemps désiré, vient au monde infirme ou difforme ! C'est la douleur et le regret installés à demeure au foyer. On l'aime, le cher être, d'autant plus qu'il est malingre et chétif. Mais quelle amertume dans cet amour ! Ah ! sans doute il manque une bénédiction aux mariages stériles. Mais n'en est-il pas de féconds qui sont maudits !

Une jeune fille sourde et muette ravit tellement par sa beauté un riche gentilhomme que celui-ci l'épousa. Au temps voulu, le roi du monde, bébé, se présenta. Il était superbe, naturellement,... un futur comte ! Il avait quelques mois à peine lorsqu'un jour la nourrice, assise non loin du berceau, vit la mère s'approcher, soulever un lourd vase de porcelaine et le brandir au-dessus de la tête de l'innocent, comme pour l'écraser. Pétrifiée d'horreur, la nourrice ne put ni se lever, ni pousser un cri. L'énorme masse, lancée avec force, se fracassa bruyamment à côté du berceau, et le bébé réveillé brusquement, poussa un cri de terreur en tendant vers sa mère ses petits bras. Et elle, heureuse, le pressait sur son cœur. L'expérience avait réussi. Elle savait que son fils n'avait pas hérité d'elle son infirmité.

Cette mère ne ressemblait pas, — et il est heureux que peu lui ressemblent, — à une dame de ma connaissance, dont la philosophique nonchalance est devenue proverbiale dans son entourage. Elle a une nombreuse famille qu'elle élève dans une gentille maison de campagne, tout près d'une rivière. Quelqu'un lui demandait un jour si ce voisinage n'était pas dangereux pour ses enfants.

— « Oh ! mon Dieu, non, répondit-elle, nous n'en avons guère eu que trois ou quatre de noyés. »

On me permettra de citer ici quelques lignes d'un écrivain spirituel et charmant et d'une femme de génie. Gustave Droz a écrit quelque part : « Chaque année vous enlèvera une parcelle de vie, rétrécira le cercle d'intérêts et de plaisirs dans lequel vous vivez ; votre esprit peu à peu perdra de sa sève et demandera du repos, et à mesure que vous vivrez moins par l'esprit, vous vivrez plus par le cœur. La tendresse des autres, qui n'était qu'un hors-d'œuvre agréable, deviendra un aliment nécessaire, et qui que vous ayez été, hommes d'État ou artistes, militaires ou banquiers, lorsque votre tête sera blanche, vous ne serez plus que papas. »

Écoutons maintenant George Sand : « Comment les liens sacrés de la famille pourraient-ils être effacés et méconnus sur la terre ? Quoi de plus puissant sur le cœur humain qu'un type de beauté recueilli comme un héritage par plusieurs générations d'enfants aimés ! Quel lien d'affection que celui qui résume le souvenir et l'espérance ! Quel empire que celui d'un être dont le regard fait revivre tout un passé d'amour et de regrets, tout une vie que l'on croyait éteinte, et dont on retrouve les émotions palpitantes dans un sourire d'enfant ! »

A quoi sert un enfant ? demandions-nous au commencement de ce chapitre. Il ne serait certainement pas inutile, quand il ne servirait qu'à faire l'éducation des parents.

CHAPITRE XXI

L'ÉDUCATION DES PARENTS

« Mon amie, disait une vieille quakeresse à une dame qui se proposait d'adopter une petite fille, je ne sais si tu sauras faire son éducation, mais je suis sûre qu'elle fera la tienne. »

C'est l'idée de Michelet : « L'enfant enseigne la mère. » Assurément ; et le père aussi.

Quelle force, quels encouragements les parents ne puiseront-ils pas dans cette idée qu'en montrant à leurs enfants la voie où ceux-ci doivent marcher, ils apprennent eux-mêmes le chemin qu'ils ont à suivre, et qu'en faisant l'éducation de leur petite famille, ils acquièrent ce qui leur manquait en prudence, justesse de vue, tendresse et élévation !

Les enfants donnent aux parents comme un renouveau de jeunesse. Loin de nous vieillir, comme on a coutume de le dire, ils nous remettent au cœur les élans et les aspirations généreuses des années lointaines ; ils nous prêtent les ailes de l'aigle pour nous envoler aux régions sublimes, au lieu de rester enchaînés au roc aride de l'égoïsme.

« C'est dans l'amour de la famille qu'est compris l'amour de la patrie, dit G. Droz, et, par suite, celui de l'humanité. C'est avec les pères qu'on fait les citoyens. »

Ce n'est pas que je pense que tout enfant naît bon. Il est hors de doute que les mauvaises dispositions des pères passent aux enfants de génération en génération. Mais ces dispositions peuvent être combattues, déracinées, dès le bas âge, lorsqu'on veut bien se donner la peine d'apprendre à élever ses enfants.

Quoi que nous tentions de leur inculquer, si c'est une maxime pratique, nous n'avons qu'un moyen, c'est de la pratiquer nous-mêmes. Le père qui désire que son fils évite tel ou tel défaut, doit se garder d'y tomber. J'entendais l'autre jour un enfant de cinq ans dire à son père : — « Ne te mets pas en colère, papa ; si tu le fais, je m'y mettrai, moi aussi, quand je serai grand. »

Les singes sont fameux pour leur instinct d'imitation. Je ne sais quel observateur, s'appuyant sur des expériences précises, le leur contestait naguère. Cet instinct, les enfants le possèdent à un haut degré. De là, d'ailleurs, l'éducabilité de leur nature, car éducation c'est imitation.

C'est donc un grand tort, parfois un grand danger, de dire ou de faire devant un enfant, même très jeune, ce qu'on ne voudrait pas faire ou dire devant un adulte. Nul âge n'est plus observateur ni ne souvient mieux que l'enfance. Qu'on ne dise pas : Ce n'est qu'un enfant. L'enfant est un être qui voit, remarque, compare et conclut avec plus de pénétration et de vivacité qu'un policier, qu'un confesseur ou qu'un faiseur de romans psychologiques. Aussi les parents doivent-ils s'étudier à être, devant lui, plus encore qu'en toute autre occasion, réservés, véridiques, et par-dessus tout justes.

On va répétant que les mauvaises habitudes se prennent plus facilement que les bonnes. Si celles-ci seules étaient offertes à l'observation des enfants, il est à croire qu'ils n'en prendraient pas de mauvaises.

C'est au berceau de leur premier né que l'éducation des parents commence. Les jeunes mariés ont pu jusqu'alors être personnels, égoïstes, peu enclins à rien sacrifier de leur bien-être à l'avantage de leurs semblables. Mais voilà le roi de la maison, sa majesté bébé, qui va leur enseigner la charité et le dévouement. Ils ont maintenant à penser à quelqu'un en dehors d'eux, à faire passer les besoins et la satisfaction du petit être avant leurs fantaisies et leurs plaisirs. Ils se gêneront, s'il le faut, — et il le faudra ; — ils abandonneront leurs habitudes les plus chères, feront taire leurs goûts, s'oublieront eux-mêmes, pour se consacrer à la seule chose importante désormais, la nourriture — je prends le mot au sens compréhensif d'autrefois — du tout-puissant bébé.

A mesure qu'il grandira, les parents, si leur amour n'est pas à fleur de peau, comme il arrive parfois chez les mondains, deviendront meilleurs, plus sincères, plus fidèles à leur parole, sachant que celui qui n'a pas reçu le germe de ses vertus dans son enfance ne les possèdera jamais. Ils règleront leur conduite de telle sorte que personne ne pourra les accuser de ne pas être justes. Ils seront les amis, non pas seulement les procréateurs, de leurs enfants ; ils prendront part à leurs peines et à leurs joies et s'initieront ainsi naturellement à cette noble et large sympathie que Shakespeare appelle « le lait de la tendresse humaine », *the milk of human kindness.*

Un fils, qui garde vivant dans son cœur le souvenir de semblables leçons, a essayé d'en retracer le sens dans ces vers :

Immole tes désirs, enfant, en sacrifice,
Quand il faudra choisir entre eux et le devoir.
Sur le soir de la vie, il est doux de revoir,
Sans remords ni regrets, ses actions passées.
Oh ! combien de vieillards, aux âmes oppressées
Sous le pesant fardeau du mal commis par eux,
Sondent en frissonnant leur passé ténébreux !
Conserve dans ton cœur, ô mon fils ! la lumière
Qui dirige à travers la route que la pierre
Et la ronce et le flot barrent à chaque pas :
Cette lumière a nom Devoir. Et puis, plus bas,
Comme pour adoucir sa parole sévère :
« Courage ! ton appui, c'est le bras de ton père ! »

Et ce n'est pas seulement le côté moral que les enfants développent chez leurs parents. Ils sont aussi des éducateurs intellectuels. On n'apprend rien si bien que ce qu'on enseigne, et que de choses à enseigner à son enfant ! Comment contenter sa curiosité insatiable et que tous les objets réveillent, comment répondre à ses questions naïves, mais précises et embarrassantes, si l'on ne rafraîchit dans sa propre mémoire des notions oubliées ou devenues confuses, si l'on n'acquiert même, en bien des cas, un savoir qu'on n'a jamais eu ?

Quand l'enfant vous demandera pourquoi le feu brûle, comment le photographe a fait pour exécuter son portrait, combien il y a d'étoiles au ciel, pourquoi des gens souffrent et quelle est la cause du mal dans le monde, que lui répondrez-vous, si vous ne le savez pas ou ne le savez plus ? Rebuterez-vous cette intelligence en éveil par le rire stupidement dédaigneux de l'ignorance, ou par d'impatientes fins de non-recevoir. Lui direz-vous que ces questions ne sont pas de son âge, qu'il saura cela quand il sera grand, que les enfants ne doivent pas faire de questions ? Tristes moyens de se tirer d'embarras, qui éteignent chez l'enfant la flamme sacrée, la noble ardeur de connaître, à moins qu'ils ne fassent naître dans son esprit si sagace et si vif le mortel soupçon de votre incapacité.

Je sais bien que les excuses ne manquent pas ; on en est encore plus prodigue envers soi-même qu'envers les autres. Qu'avons-nous à nous reprocher ? se dit-on. Ne faisons-nous pas donner à nos enfants la meilleure éducation, par les meilleurs maîtres, dans les meilleurs établissements ? Et l'on se persuade que l'éducation de l'école remplace l'éducation du foyer. Autant prétendre que le vin remplace le pain, ou qu'être vêtu d'un paletot dispense d'avoir une chemise.

L'instruction que donnent les écoles et les collèges est nécessaire, et les parents seraient coupables qui, le pouvant, négligeraient d'en faire profiter leurs enfants. Mais elle s'ajoute à l'éducation de la famille, elle ne la remplace pas. Si celle-ci manque, l'intelligence de l'enfant pourra mûrir et porter des fruits, mais ses facultés affectives s'étioleront faute de culture, ou pousseront au hasard à la manière des plantes folles et sauvages. C'est sous la chaude et douce influence du père et de la mère que le cœur de l'enfant doit éclore. Sinon, il restera toujours fermé, ou il ne s'ouvrira qu'en un jour d'orage, pour être brûlé par la foudre et effeuillé par les vents.

CHAPITRE XXII

ON DEMANDE DES MÈRES !

Napoléon disait que la bonne ou la mauvaise conduite future d'un enfant dépend entièrement de la mère. Causant avec Mme Campan, il constatait que les vieux systèmes d'éducation ne valaient rien, et demandait ce qui manquait encore pour que la jeunesse fût convenablement élevée. — « Des mères, » — répondit Mme Campan. Cette réponse le frappa. — « Voilà tout un système d'éducation en un seul mot ! » s'écria-t-il.

Et, en effet, celle qui berce l'enfant gouverne le monde, car c'est elle qui guide et ouvre les jeunes esprits qui demain marqueront l'histoire à leur empreinte. Chaoue regard, chaque inflexion de voix, chaque action de la mère se gravent dans le cœur et la mémoire de l'enfant, dès son plus bas âge, et exercent plus tard sur lui une irrésistible influence.

La majesté de la mère est supérieure à toutes les majestés d'ici-bas. Aussi ne peut-on qu'approuver Mme Lœtitia Bonaparte qui, lorsque son fils, devenu empereur, lui tendait sa main à baiser, la repoussa avec indignation en lui disant devant toute sa cour : — « C'est vous qui devez baiser la main de celle qui vous a donné la vie ! »

La bonne mère est véritablement le chef-d'œuvre de la nature; elle est la perle de son sexe, la plus belle et la plus précieuse des créatures de la terre. C'est à elle que le monde doit les grandes actions, les nobles œuvres de la plupart des génies et des héros. Les idées qu'une mère inculque dans un esprit d'enfant bien doué, sont comme ces lettres qu'on taille dans l'écorce et qui grandissent avec l'arbre.

Walter Scott avait puisé son goût pour la poésie du moyen âge dans les vieilles ballades que sa mère et sa grand'mère lui chantaient, bien avant qu'il eût appris à lire.

La mère de Gœthe possédait à un degré rare le

talent de stimuler l'activité des jeunes esprits ; elle excellait à leur communiquer la science de la vie, dont elle avait la profonde expérience. Après l'avoir vue et entendue, un voyageur disait : « Je comprends maintenant comment Gœthe est devenu l'homme qu'il est. » Le fils se plaisait, du reste, à reconnaître ce qu'il devait à sa mère.

On sait ce que nos grands poètes, Lamartine, Hugo, pensaient de leurs mères, et avec quels accents émus ils disent qu'ils ont reçu d'elles, non seulement la vie, mais aussi le souffle qui les a soulevés et, parmi leurs semblables, les a faits grands.

Une mère demandait à un homme de sens quand il serait temps de commencer l'éducation de son fils, âgé de quatre ans. — « Ah ! madame, répondit-il, si vous n'avez pas encore commencé, c'est quatre ans que vous avez perdus. »

On parle souvent à tort et à travers de la sagesse antique. Voici deux proverbes qui suffiraient à justifier la réputation de l'antiquité. — « Donnez votre enfant à élever à un esclave, et au lieu d'un esclave vous en aurez deux. » — « Heureux celui que sa mère enseigne ! »

Une bonne mère vaut cent nourrices et cent professeurs. L'enfant qui ne reçoit pas les soins, les leçons, la direction de sa mère, perd, dès son entrée dans la vie, d'incalculables avantages, et rien, dans la suite, ne sauraient compenser cette perte. Voilà ce que les femmes qui aiment leurs enfants, mais qui aiment aussi le repos ou les plaisirs, devraient sérieusement considérer.

Quelle patience suppléera jamais la patience d'une mère ? — « Pourquoi répétez-vous à cet étourdi vingt fois la même chose ? » demandait-on à une dame qui s'efforçait de faire entrer quelques simples notions dans une petite tête rebelle. — « Parce que, si je ne le répétais que dix-neuf fois, toute ma peine serait perdue », — répondit-elle.

Au contraire, quelle funeste influence une mère, je ne dis pas mauvaise, — encore une fois, ici nous ne nous occupons pas des monstres, — mais déraisonnable, extravagante ou mal équilibrée, n'exerce-t-elle pas sur le caractère et, par suite, sur la destinée de ses enfants ?

Un des exemples les plus frappants est celui de la mère de Lord Byron, si violente qu'elle mourut, dit-on, de colère en lisant un mémoire de son tapissier. Elle éleva Gordon Byron dans une atmosphère de tempête, tantôt le comblant et l'énervant de caresses passionnées, tantôt s'emportant contre lui en d'effrénées fureurs où elle allait jusqu'à le railler de son pied-bot et à le poursuivre par la maison en brandissant les pincettes. C'est là qu'il faut chercher la cause des anomalies, des inégalités du caractère et de l'inspiration de Byron ; c'est cette éducation qui donne à son génie le tour maladif, ironique et douloureux qu'on a voulu caractériser du nom de satanique. Dévoré d'aspirations contradictoires, rongé de soucis, grand dans sa faiblesse, le cœur passionné et la lèvre sceptique, il promenait avec lui par le monde le poison maternel sucé dans son enfance. « On ne m'a pas appris, dans ma jeunesse, à maitriser mon cœur, et les sources de ma vie furent empoisonnées. »

.... *Untaught in youth my heart to tame,*
My springs of life were poisoned.

Une actrice du dernier siècle qui avait été à la tête d'une très grande fortune, après avoir tout dépensé dans des profusions folles, se vit mettre en prison pour dettes. Elle écrivit à son fils, grand acteur lui-même, et gagnant beaucoup d'argent : « Mon cher Samuel, je suis en prison pour dettes. Viens au secours de ta mère qui t'aime. » La réponse ne tarda pas : — « Chère mère, j'y suis aussi ; c'est ce qui empêche un fils affectionné de rendre à sa tendre mère le service qu'elle attend de lui. »

Les douces leçons de la mère semblent vite s'effacer, et, n'en voyant plus trace, on se dit : A quoi bon ? — Mais qu'on regarde bien : elles sont là tout entières, dans l'esprit, dans le caractère, dans le cœur du fils devenu grand.

C'est pourquoi il faut que les femmes sachent leur métier de mère. Ces choses, qui ne s'apprennent pas à l'école, sont les plus difficiles de toutes. C'est sans doute la raison qui fait qu'on ne les professe point.

Douceur et fermeté, voilà ce qu'il faut avec les enfants. N'exagérons rien et laissons de côté la vieille métaphore de la main d'acier dans le gant de velours. Il n'en est pas moins vrai que l'on doit être bon avec ses enfants et les plier à obéir.

« Un homme qui apprend à jouer du cor et un enfant gâté sont deux compagnons insupportables, » dit un proverbe étranger. Mais la comparaison n'est pas absolument juste ; le joueur de cor prend plaisir à son sonore exercice, tandis que plus l'enfant est gâté, plus il est désagréable aux autres, et plus il est à charge à lui-même.

La mère, qui n'a jamais pris mal à la tête à gronder ses enfants petits, risque fort d'avoir plus d'une fois le cœur malade lorsqu'ils seront grands.

D'un autre côté, la mère devrait se garder de

compromettre son autorité par des recommandations impossibles à suivre, et des prohibitions sans nécessité. C'est une erreur assez commune de traiter les garçons comme s'ils étaient de verre, de leur défendre à chaque instant de faire ceci et cela, dans la crainte qu'ils ne se brisent en morceaux.

Le principe directeur c'est de ne jamais causer de peine qu'avec la certitude qu'on épargne une peine plus grande. En conséquence, on accordera toute requête raisonnable, et on n'opposera jamais un refus sans faire comprendre que c'est pour le bien de l'enfant et non pour notre propre commodité. Dans tous les cas, une fois une chose dite, il est essentiel de s'y tenir. Si un enfant n'apprend pas dès le début que quand sa mère dit oui c'est oui, et que quand elle dit non c'est non, il prendra l'habitude de pleurnicher et d'importuner, et dès qu'elle sera revenue une fois sur sa décision, son autorité sera vite perdue.

Les mères trop désintéressées et dévouées courent le danger de rendre leurs enfants égoïstes. Sacrifier sans compter son temps, son argent, ses forces, ses plaisirs pour la satisfaction d'un enfant, c'est lui faire croire qu'il a droit à attendre toujours et de tout le monde la même abnégation. Il devient de plus en plus exigeant, et il n'en est pas plus satisfait.

La mère qui fait durer ses vieilles robes pour que son fils ait un vêtement neuf, qui travaille pour qu'il s'amuse, prend le meilleur moyen d'en faire un vaniteux, un égoïste, un propre à rien.

Une mère sage sait qu'elle doit être la tête de la maison, et elle garde sa place avec une dignité tranquille et ferme. Jamais elle ne se fera la sujette de ses enfants. Les meilleures et les plus belles choses doivent être pour elle, et non pour ses garçons ou ses filles. Elle est la reine, et son devoir est de garder la couronne sur son front. De cette façon, les enfants, dès le bas âge, s'habitueront à considérer leur mère, à la mettre plus haut qu'eux. Elle saura ne pas déchoir à mesure qu'ils grandiront, et s'ils la dépassent par la culture et le savoir, elle les dominera toujours par la noblesse et la largeur de ses sentiments. Ce que son intelligence ignore, elle le comprendra par le cœur. Malheur à eux et à elle s'il en était autrement.

Le propre de l'enfant c'est de sentir la vie et d'en jouir. Un rien le rend heureux. Il n'a pas besoin de tous les jouets coûteux et compliqués dont on le comble, pour s'amuser de bon cœur. Les enfants des classes pauvres, quand ils ne souffrent ni du froid ni de la faim, sont plus facilement et plus vraiment heureux que ceux dont les besoins factices s'appellent légion, et à qui il faut une fortune pour se satisfaire.

Un moment vient où l'enfant, élevé et armé, doit entrer dans la vie et y marcher seul et sous sa responsabilité. C'est bien mal connaître sa mission et faire bien malheureusement dévier l'affection maternelle que de s'opposer à cette épreuve. Qu'elle aime bien mieux son fils, la mère qui l'envoie dans la bataille de la vie, préférant tout pour lui plutôt qu'une molle, indolente et inutile existence ! Elle rappelle noblement ces mères spartiates qui, en donnant à leur fils le bouclier des hommes de guerre, disaient : « Reviens avec, dessus ou dessous ! »

Je l'ai dit tout à l'heure, mais le point est assez important pour que j'y revienne : ne promettez jamais à un enfant sans tenir votre promesse, que ce soit un gâteau ou une correction ; car si vous perdiez sa confiance, vous ne sauriez plus la regagner. Heureuse la mère qui peut dire : — « Je n'ai jamais menti à mon fils ; je ne l'ai jamais trompé, même pour son bien. »

CHAPITRE XXIII

LES SOINS DU PÈRE

Louer l'enfant, c'est faire la cour à la mère. Vieille vérité, toujours de saison, et que ne doivent pas perdre de vue les maris. C'est surtout, en effet, l'admiration de celui qu'elle aime qui flattera la mère dans son enfant. Un ivrogne philosophe avait tourné cette observation au profit de sa passion favorite. « Je peux bien dépenser toute ma paye de la semaine, et ce que la mère gagne pardessus le marché, disait-il. Pourvu qu'en rentrant je caresse le moutard et jure qu'il est joli comme un amour, je suis sûr de n'avoir pas de scène. »

Il n'y a point de bonheur conjugal là où le

mari ne montre qu'indifférence ou affection tiède pour ses enfants.

L'influence que l'homme a naturellement sur ces petits êtres est immense. Tacitement et instinctivement, ils le prennent pour modèle, se règlent sur lui, imitent sa manière d'être, ses allures, son ton, adoptent ses goûts, ses opinions et ses sentiments. Aussi, lorsque les enfants sont affectueux et prévenants envers leur mère, soyez sûr que neuf fois sur dix, le mari l'est également. Si le mari respecte sa femme, les enfants la respecteront. S'il se lève pour lui offrir un siège, les enfants ne resteront pas assis quand elle entrera dans la chambre. S'il ne la voit rien porter sans lui prendre le fardeau des mains, les enfants ne feront pas d'elle la bête de somme de la maison.

Le premier soin d'un mari sensé sera donc de soutenir l'autorité de la femme et de la mère. Il se gardera de souffrir qu'on en appelle à lui de ses décisions, qu'il sera le premier à regarder comme définitives et sacrées. Mais, en même temps, il ne fuira pas sa part de soins et de responsabilité dans l'éducation de ses enfants ; il se rappellera Diogène châtiant un père parce que le fils jurait, et qu'un père doit donner à son fils de meilleures leçons.

Ce n'est pas empiéter sur le domaine maternel

que de montrer à ses enfants de la tendresse et les entourer de soins. Le devoir est égal pour l'homme et pour la femme, et chacun doit en prendre sa part.

Là, encore, cependant, on peut tomber dans l'excès. Tendresse devient quelquefois faiblesse, et à force de soigner on gâte.

Ne jamais contrarier ses enfants est un sûr moyen de leur apprendre à contrarier tout le monde. Mais les caprices, les ordres contradictoires ou insuffisamment justifiés, les irritent et les font douter de la sagesse et de la justice de leurs parents.

Le mari concourra avec la femme à rendre l'intérieur domestique agréable et gai, afin qu'en grandissant les enfants n'aient pas l'idée qu'ils trouveraient ailleurs de plus charmantes distractions ou de plus vifs plaisirs.

Aujourd'hui, la mode est de bourrer les enfants de connaissances, comme on bourre de pâtée les oies qu'on engraisse. Le latin, le grec, le français, les langues vivantes, les sciences mathématiques, physiques et naturelles, je ne sais combien d'exercices de toute nature, se disputent les petits êtres, leur prennent le temps qu'ils auraient si grand besoin de donner aux gambades libres en plein air, et rendent moroses des visages faits pour le rire.

Lorsque l'arbre au printemps sent la sève monter,
Que le suc généreux, bouillonnant sous l'écorce,
Répand dans les bourgeons la chaleur et la force,
Et fait se déployer le riche éventail vert
Des feuilles que tenait dans leurs gaînes l'hiver,
L'arbre est heureux. La vie est pour lui généreuse;
Il grandit sans effort ; sa tige aventureuse
Pousse au ciel plus avant ses rameaux plus épais,
Comme un rayonnement de son intime paix.
Ainsi grandit l'enfant. La volupté de vivre,
Comme un vin qui réchauffe et qui jamais n'enivre,
Emplit son jeune cœur de ce bonheur confus
Qu'il comprendra plus tard, quand il ne l'aura plus.
Qu'il en jouisse, au moins ! Que notre expérience
Tienne éloigné le vase amer de la science
Où nos lèvres ont bu la peine avant le temps,
Et laissons-le donner les fleurs de son printemps !

A peine sont-ils sortis des langes, qu'on leur fait adorer le « succès », la plus monstrueuse idole que les hommes aient jamais hissée sur un autel. Le père veut que son enfant réussisse, c'est-à-dire qu'il ait de bonnes places dans les compositions de sa classe, et des prix à la fin de l'année. Qu'il soit trop jeune, trop faible, d'intelligence trop lente ou encore mal développée, il n'importe : il faut réussir. Pour y arriver tout sera sacrifié : bonheur, santé, la vie même. Un médecin disait au père d'un jeune homme maladif et fatigué : — « Emmenez-le dans le midi ; qu'il suspende ses études, ou plutôt qu'il y renonce. A ce prix il peut vivre. » — « Renoncer à ses études, à la veille du baccalauréat ! s'écria le père. Y pensez-vous ! Non, non ; c'est mon seul fils ; je veux faire de lui un homme. » — Il en a fait un cadavre.

« L'abomination de la désolation à notre époque, dit Huxley, c'est le travail à haute pression auquel on soumet les enfants, pour leur faire passer examens sur examens. » La question de la surcharge des programmes est à l'ordre du jour en Allemagne, en Angleterre, aux États-Unis, comme en France. Tout le monde reconnaît le mal, et les gens compétents recherchent le remède, mais de façon parfois à faire croire qu'ils ne redoutent rien tant que de le trouver.

On a dit des personnes très matinales qu'elles sont pleines de vanité avant midi, et de stupidité après. Médisance ou calomnie, ce mot s'appliquerait souvent avec vérité aux enfants trop précoces : vaniteux dans leur jeunesse, stupides tout le reste de leur vie.

Que ferons-nous de nos enfants ? C'est là sans doute une question de haute gravité. Mais ne faudrait-il pas, avant tout, nous garder d'en faire des êtres misérables ? Et misérables ils seront, si leur éducation n'est pas conforme à leurs besoins physiques et à leurs aptitudes intellectuelles, si elle leur donne des armes sous le poids desquelles ils fléchissent ou qui leur seront inutiles, en leur refusant celles que, dans toutes les circonstances, ils manieraient avec aisance et profit.

Une précaution, dont on a souvent reconnu l'importance, mais que l'on néglige presque toujours, c'est de donner aux enfants un métier manuel. On ne sait pas ce que l'avenir tient en réserve pour eux. Combien ont connu la faim et le froid parce que, frappés et jetés hors de leur pays par les aventures de la politique, dépouillés par l'adversité, ils ne connaissaient aucun métier pour gagner leur pain !

On a une délicieuse lettre de Luther à son fils, que je demande la permission de rapporter ici. Cet homme, dont la voix formidable bouleversa les états et les consciences, y parle un langage où tous les pères retrouveront, quelles que soient leurs croyances, l'accent même de leur tendresse pour leurs enfants. « Mon cher petit garçon, écrit-il, je suis content de voir que tu apprends bien tes leçons et que tu fais bien tes prières. Continue ainsi, mon cher enfant, et quand je reviendrai à la maison je t'apporterai un beau cadeau de la foire. Je connais un joli jardin où il y a de gais enfants en blouse d'or, qui ramassent des pommes, des prunes et des cerises savoureuses sur les arbres, et chantent, et dansent, et montent sur de jolis chevaux avec des brides d'or et des selles d'argent. J'ai demandé au gardien à qui était le jardin et qui étaient les enfants. Il m'a dit : — Ce sont les enfants qui prient et apprennent, et qui sont sages. — Alors, je lui ai répondu : — J'ai, moi aussi, un fils qui s'appelle Jean Luther. Peut-il venir dans ce jardin, manger des poires et des pommes, monter sur un petit cheval, et jouer avec les autres ? — L'homme a dit : — S'il dit ses prières, s'il apprend et s'il est sage, il peut venir ; ses petits camarades, Philippe et Jost, peuvent venir aussi, et ils auront des flûtes et des tambours, et des luths et des violons, et ils danseront, et ils lanceront des flèches avec de petits arcs. — Alors il me montra dans le jardin une pelouse bien unie, arrangée pour la danse, et il y avait des flûtes et des arcs suspendus autour. Mais il était encore de bonne heure ; les enfants n'avaient pas dîné, et je ne pouvais attendre jusqu'à l'heure de la danse. Je lui dis donc : — Cher monsieur, je vais aller directement chez moi et écrire tout cela à mon petit garçon ; mais il a une tante,

Madeleine, qu'il faudra qu'il amène avec lui. — Et l'homme répondit : — C'est cela! Faites ce que vous dites; allez lui écrire. — Ainsi donc mon cher petit garçon, apprends et prie de bon cœur, et dis à Philippe et à Jost d'en faire autant; et alors vous viendrez tous ensemble dans le jardin. Que le Dieu tout-puissant te garde. Transmets mes amitiés à tante Madeleine, et donne-lui un baiser pour moi. — Ton père aimant. MARTIN LUTHER. »

Ce qu'il faut avant tout dans l'éducation des enfants, on ne le répétera jamais trop, c'est un sage mélange de tendresse et de fermeté. Tel est le seul moyen d'obtenir sans difficulté l'obéissance spontanée des enfants; et, ceci obtenu, le but de la famille est atteint.

Résumons les règles par lesquelles on y arrive: d'abord, ne jamais gêner l'enfant par des prohibitions arbitraires, mais, au contraire, lui laisser toujours voir, s'il est possible, la raison des ordres qu'on lui donne et des défenses qu'on lui fait; en second lieu, faire toujours en sorte que la punition se rapporte à la faute commise, et imiter ainsi la nature qui à toute infraction à ses lois a attaché des conséquences définies; en troisième lieu, ne jamais menacer d'un châtiment pour reculer ensuite devant son application ; enfin, graduer les châtiments de telle façon qu'ils soient assez sévères pour produire une impression durable, et assez doux pour ne pas aliéner l'affection de l'enfant. Appliquez-vous surtout à lui faire comprendre que la punition infligée l'a été pour son bien, et ne vous lassez pas, jusqu'à ce qu'il témoigne, en cessant d'avoir l'air boudeur ou irrité, qu'il vous a compris et qu'il est convaincu.

Mais ceci n'est qu'un côté de la question. La nature humaine a besoin de distractions et de plaisirs tout autant que d'enseignement et de corrections. L'un des premiers devoirs des parents est de s'intéresser aux jeux de leurs enfants. Nul plus qu'eux n'a besoin de sympathie. S'ils ont un objet nouveau, ils vous l'apportent pour que vous le regardiez avec eux. Ils ne font pas un mouvement sans vous regarder, pour s'assurer que vous vous intéressez à leurs amusements et que vous vous réjouissez de leurs joies. Ne craignez pas qu'ils jouent trop, où qu'ils donnent au jeu trop de temps. Invitez chez vous des camarades bien élevés et faites tout pour donner à la maison de l'agrément et de l'attrait. Ces témoignages de sympathie véritable pour eux, loin de faire fléchir votre autorité, lui donneront plus de vigueur tout en la rendant plus douce. Car la maison ne doit jamais être pour les enfants une prison pleine de règle et d'ordre, mais vide d'affection et de plaisirs.

Que l'administration intérieure, que le gouvernement de la famille soit conduit partout d'après ces principes, et les enfants seront, en bien des maisons, plus heureux et meilleurs que nous ne les voyons aujourd'hui.

Est-il besoin d'ajouter que si le père ne s'emploie pas de toute âme à ce résultat, il ne ser jamais atteint?

CHAPITRE XXIV

RETS ET CAGES

La femme aurait tort de croire que tout est fait lorsqu'elle a trouvé un mari. D'après Swift, la raison pour laquelle il y a si peu de mariages heureux, c'est que les jeunes femmes passent leur temps à faire des rets, et non des cages.

Que les jeunes filles s'ingénient à arrêter un mari dans leurs filets, cela se comprend, et, tant qu'elles ne sacrifient, dans cette entreprise, ni leur dignité, ni leur modestie, on ne saurait les en blâmer : mais la vraie femme supérieure est celle qui sait, non seulement prendre comme en des rets l'affection de son mari pendant la lune de miel, mais lui construire une cage et l'y garder pendant les longues années de la vie commune.

E cosa si dolce l'essere amato ! (1)

Hier encore un charmant homme me disait qu'après quarante ans de mariage, il aimait sa femme presque mieux que le premier jour. Voilà une femme qui fait ce que n'ont pu faire Alexandre, ni Napoléon : elle conserve sa conquête depuis quarante ans.

L'homme n'est pas beaucoup plus difficile à attraper qu'un oiseau, mais combien plus à garder! Si la femme ne sait pas faire de son intérieur le lieu le plus riant, le plus brillant, le plus doux et le plus joyeux où il puisse trouver un refuge, une retraite, loin des labeurs et des peines du monde extérieur, le malheureux est à plaindre, il n'a réellement point de foyer.

Comment la femme se flatterait-elle de le retenir près d'elle? Elle n'a pas su construire de cage pour l'oiseau.

C'est dans la maison, plus que partout ailleurs, que l'ordre est la nécessité première. La femme a pour devoir étroit d'entretenir la cage propre, et brillante, et bien garnie

(1) Silvio Pellico.

La méthode est comme l'huile qui graisse la machine domestique et la fait rouler doucement. La maîtresse qui veut chez elle l'ordre et la tranquillité qui découle de l'ordre, exigera un service méthodique et régulier, et donnera scrupuleusement l'exemple. Elle se lèvera matin, elle déjeunera de bonne heure, et elle donnera aussitôt ses ordres. Si elle a fait beaucoup de besogne avant midi, la voilà libre pour le reste du jour.

Quelqu'un, sur le point de se marier, demandait à un ami : — « Là, sérieusement, croyez-vous qu'elle fasse une bonne femme? » — « Que voulez-vous que j'en sache, répondit l'autre un peu brutalement; je n'ai jamais vécu avec elle. » — Telle est, en effet, la véritable pierre de touche du bonheur conjugal.

On croit connaître une jeune personne parce qu'on l'a vue dans le monde, sous les armes, habillée avec recherche, l'esprit tendu vers cette seule idée : être belle et plaire. On peut s'enthousiasmer de sa jeunesse et de sa beauté, de son esprit et de son enjouement. Mais au bout de sept ans de mariage, aucun de ces dons exquis n'est à comparer avec le talent de la bonne ménagère qui embellit l'intérieur à peu de frais et offre à son mari d'agréables repas tout en ménageant sa bourse.

Il est bon de savoir l'italien et l'anglais, d'être musicienne, de dessiner et de peindre, de connaître tous les arts d'agrément. Mais que de personnes accomplies donneraient de bon cœur leurs talents et leur virtuosité, pour être capables de savoir ce qu'il faut de pain, de beurre, d'œufs, de lait et de sucre au ménage pendant la semaine.

Car il n'y a pas à faire fi de la cuisine, cette chimie pratique, qui nous empoisonne ou qui nous fait vivre agréablement. Outre ses avantages immédiats et substantiels, elle a pour les femmes un pouvoir éducateur indéniable : elle les habitue à appliquer à la vie ordinaire une foule de notions diverses, et les plie à une attention et à une régularité précieuses pour elles-mêmes et pour leurs maris.

Dans les classes ouvrières, l'art d'apprêter d'une façon appétissante un humble ordinaire devient un véritable bienfait. L'homme qui, au retour du travail, trouve une soupe insipide et un plat froid ou de goût rebutant, va se consoler au cabaret du manque d'attrait de son intérieur. Il dépense son argent à boire, puisque sa femme ne sait pas l'employer à lui faire de bons repas ; le reste de sa quinzaine y passe, et l'on a un bon ouvrier de moins et toute une famille de misérables de plus.

Et qu'on ne croie pas que ces pratiques vulgaires, triviales, comme disent les dégoûtés, fassent perdre à la femme qui s'y livre le moindre de ses charmes. Elles les rehaussent au contraire, et l'on n'a pas encore trouvé d'exemple plus délicieux de la grâce féminine que Cornélie montrant, dans sa maison bien tenue, ses enfants pour joyaux, ni de plus haute et de plus exquise expression de la mission de la femme noblement remplie, que la fameuse épitaphe ;

Lanam filavit,
Domum servavit.

Cependant une femme qui veut réellement construire la cage heureuse où elle enfermera pour jamais le cœur de son mari, ne doit pas être exclusivement une cuisinière et une ménagère. Elle ne doit même pas outrer son zèle dans ces deux capitales fonctions. Elle tomberait vite dans le travers de ces personnes excellentes, mais impossibles à vivre, qui grondent sans cesse, furètent partout, sont toujours « sur le dos » des domestiques, s'indignent d'une chose mal mise en place ou d'un grain de poussière invisible à tous les autres yeux. Il est à croire que les maris de ces parangons d'ordre et de propreté préféreraient une maison moins parfaitement tenue et plus de tranquillité.

Lorsque l'esprit de la femme dépense ainsi toute son activité dans le cercle restreint des soins du ménage, lorsque sa passion même trouve à se prendre, et parfois à s'exaspérer, dans cette sphère, honorable sans doute, mais après tout peu élevée, elle n'est plus capable d'en sortir pour s'intéresser aux expériences, aux travaux, aux luttes, aux déceptions ou aux succès de son mari. Toute la conversation roule entre eux sur la question de savoir si le bœuf sera bouilli ou rôti ; et comme l'ardeur de l'une provoque et agace l'indifférence de l'autre, on voit deux êtres qui s'aiment se quereller sur la sauce d'un faux-filet.

L'épouse digne de ce nom, sans rien négliger dans son intérieur, se fait vraiment la compagne, — j'allais dire le compagnon, — de son mari. D'intelligence et de cœur, elle le suit dans son travail, goûte ses plaisirs, est toujours prête à l'écouter et à lui donner, s'il en manifeste le désir une opinion ou un conseil. Qu'elle ne craigne pas de lui paraître ignorante ou prétentieuse. Elle ne sera ni l'un ni l'autre si elle s'abandonne à sa simplicité guidée par son amour. Et lui s'habituera à sentir à ses côtés une amitié fidèle, un cœur sûr, sans réticence ni arrière-pensée, en qui il se confiera, sur lequel il se reposera avec délices, y trouvant le plus doux et le plus ferme des appuis.

Qu'il est bon, dit le poète :

De voir s'épanouir, comme une jeune fleur,
Une femme ingénue, à l'âme grande, au cœur
Pur, et croyant encore au bien dans ce vieux monde !
De sentir, en ce siècle où l'égoïsme abonde,
Que l'on vit pour une autre, et qu'on ne va pas seul,
Et que, si le trépas nous jetait son linceul,
Un doux être mourrait de notre mort peut-être !
L'amour — oh ! je le sais! — est le sublime maître
Qui répand l'harmonie à flots sur l'univers,
Et met une auréole aux fronts d'ombre couverts.

On dit : la vie d'une femme d'intérieur est bien monotone. Le moyen de ne pas atrophier ses facultés, de ne pas périr d'ennui dans cet horizon toujours le même, si étroit et si fermé ?

Le moyen ?... C'est d'être pour le mari ce qu'on était pour l'amant.

Je n'insisterai pas. Ces jours ensoleillés de joie et d'espérances,qui ont précédé le mariage, sont chers au souvenir de toutes les femmes. Elles savent bien qu'elles ne s'ennuyaient pas alors. Si elles avaient des besognes insipides à accomplir, — car combien de jeunes filles aident ou suppléent leurs mères dans les soins du ménage ! — leur cœur chantait pendant que travaillaient leurs doigts. Point de détails infimes ou rebutants ; point de dégoût ni de fatigue ; l'amour rayonnait au travers de tout, et tout était délicieux.

Pourquoi le mariage détruirait-il ce que l'espoir du mariage avait fait naître? Rien n'est changé, il n'y a qu'un bonheur de plus. Seulement, — lamentable détente de la passion ! — on croit que tout est fini, alors que tout est à continuer.

« Notre temps est atteint d'un mal déplorable. a dit Guizot. Il ne croit à la passion qu'accompagnée de dérèglement ; l'amour infini, le parfait dévouement, tous les sentiments ardents, exaltés, maîtres de l'âme, ne lui semblent possibles qu'en dehors des lois morales et des convenances sociales. »

Tout ceci est à l'adresse des maris autant que des femmes. Qu'ils se conduisent avec les mêmes égards, la même tendresse, les mêmes attentions délicates et infatigables qui leur étaient si naturelles et si douces au temps où ils « faisaient leur cour », et leurs femmes n'auront pas de peine à conserver pour l'époux les sentiments que le fiancé avait su faire éclore.

Pourvu que le meilleur, le véritable plaisir de la femme soit celui qu'elle prend chez elle, elle ne manquera pas, au dehors, des distractions dont elle a besoin tout comme son mari, et dont il lui serait pernicieux de se sevrer. Un des plus illustres critiques d'art du siècle, qui est aussi un pénétrant moraliste, M. Ruskin, a dit : « Ne courez jamais après les plaisirs, mais soyez toujours prêt à les goûter. Il n'est pas de chose qui n'ait son côté plaisant et récréatif; il n'est pas de mot qui ne contienne de l'esprit et de la gaieté, si vous avez les mains occupées et le cœur libre. Mais si vous faites du plaisir le but de votre vie, le jour viendra où rien ne sera plus capable d'épanouir vos lèvres en un rire franc et sain. »

Ce qui fait le grand charme d'une femme aux yeux de son mari, c'est sa bonne humeur. Si je l'ai déjà dit, je ne me fais pas scrupule de le répéter. Cette bonne humeur possède un pouvoir magique; elle donne de l'attrait à l'esprit le moins brillant, de la beauté aux traits les plus communs. Mais, en revanche, la jeune fille rayonnante de grâce, éblouissante de vivacité, qui, une fois mariée, devient, dans l'intimité, une femme morose, taciturne et grondeuse, n'a qu'elle à blâmer si le mari reste le moins possible chez lui.

Je ne vois pas bien quel est le sort le plus pitoyable, de celui d'un mari harcelé par une femme acariâtre, revêche et querelleuse, ou de celui d'une femme battue par son mari.

Il y a des femmes dont l'humeur fait songer à cette torture de l'Orient où le patient reçoit toutes les dix secondes une goutte d'eau sur le creux de l'estomac.

Mais nous voilà loin des cages et des filets où se retiennent les maris. J'ai pourtant quelques mots à ajouter sur ce sujet. Et d'abord, toutes les méthodes employées par les femmes pour assurer leur influence sur leurs maris, — pour les faire marcher, ou filer doux, comme disent quelques-unes, — ne sont pas également recommandables, quelle qu'en puisse être l'efficacité.

Un jour, dans un salon où il n'y avait que des dames, deux d'entre elles, que je désignerai par les initiales A et B, se vantèrent de pouvoir faire faire à leurs maris exactement ce qu'elles voulaient. Comme ces messieurs avaient la réputation d'être le contraire de prodigues et que les caprices des femmes se traduisent généralement par des dépenses à faire, l'assertion trouva des incrédules. Excitées par la contradiction, elles gagèrent qu'à un jour fixé chacune d'elles amènerait son mari à la conduire en voiture aux courses d'Auteuil. Or, il était de notoriété que ni l'un ni l'autre des époux n'avaient jamais pris d'autre véhicule que l'omnibus. Mme A était une personne décidée, énergique, et M. A était doux et ennemi des contestations. M. B, au contraire, avait le caractère raisonneur, contredisant, volontaire et belliqueux, tandis que Mme B, était de facile et débonnaire humeur. On se disait: — Mme A réussira peut-être; mais cette pauvre

Mme B se fait d'étranges illusions. — Cependant le jour fixé, la compagnie, qui s'était rendue aux courses pour assister aux résultats du pari, vit arriver ces dames, chacune majestueusement assise dans une voiture à côté de son mari. Quand elles se retrouvèrent toutes ensemble, vous pensez si on les accabla de questions. Toutes se résumaient en celles-ci : — « Comment avez-vous fait ? » — « Ma foi, dit Mme A, j'ai simplement dit à mon mari : M. A, je désire que vous louiez une voiture et que vous me conduisiez à Auteuil. Il m'a répondu : Parfaitement, ma chère ; mais cependant je... Je ne l'ai pas écouté et je suis venue. » — « Et vous, Mme B, et vous ? » — Celle-ci hésita un peu, puis finit par faire sa confession. — « J'ai dit à mon mari : — Vraiment M. et Mme A sont bien extravagants. Figure-toi qu'ils ont loué pour demain une voiture et des chevaux, et qu'ils iront aux courses dans cet équipage. — Eh ! bien, reprit mon mari, pourquoi ne le feraient-ils pas, si cela leur plaît ? — Oh ! rien ne s'y oppose, mon ami ; et du moment que tu le trouves bien et qu'ils le peuvent... Mais ce n'est pas nous qui pourrions faire une semblable folie, bien certainement. D'ailleurs, j'imagine que M. A a plus l'habitude de conduire que toi. — Là-dessus M. B s'écria : — A. n'a pas plus l'habitude de conduire que moi, et j'ai tout autant les moyens d'aller en voiture que lui. Et je le prouverai, car je vais louer une voiture pour aller aux courses en même temps que lui. — Fais, mon ami, si tu le juges bon ; mais je n'aimerais pas aller avec toi ; il me semble que j'en serais toute confuse. — Justement je désire que vous veniez avec moi, madame B ; j'insiste pour que vous m'accompagniez ! — Et voilà comme je fais marcher mon mari ! » ajouta la tranquille et douce petite femme.

Ce sont là des exemples détestables. Quand on se conduit de cette manière avec son mari, c'est qu'on le méprise, et ce n'est pas sur le mépris qu'on peut édifier une vie heureuse. Si la femme ne croit pas en son mari, si ce n'est pas vers lui qu'elle se tourne en toute circonstance, si elle ne l'admire pas, si elle ne l'aime pas plus que toute autre personne au monde, où ce pauvre homme trouvera-t-il ces sentiments nécessaires à sa félicité ? S'il n'est pas roi chez lui, où trouvera-t-il un royaume?

Une fois, raconte une antique légende païenne, les dieux et les déesses étaient rassemblés et causaient de leurs affaires olympiennes, lorsqu'un d'entre eux, d'esprit inquisiteur apparemment, demanda : — « Qui sait ce que sont les gens qui habitent la terre ? » — Personne ne le savait.

On hasarda bien une ou deux hypothèses, mais qui ne reposaient sur rien. Une petite déesse, qui ne détestait pas les aventures, proposa alors qu'on envoyât sur la terre un messager spécial pour s'enquérir et rapporter des renseignements. L'idée plut et le messager partit. A son retour, il fut introduit dans l'assemblée des dieux, et Jupiter, le président, prenant la parole : — « Eh bien ! qu'avez-vous appris ? Quelle sorte de gens sont les habitants de la terre ? » — « Ce sont des gens bien curieux, répondit le voyageur. Ils n'ont aucun caractère propre ; ils sont juste ce que les autres pensent d'eux. Si vous les croyez cruels, ils commettront des cruautés ; si vous les croyez véridiques, ils seront dignes de foi ; si vous les croyez faux, ils mendieront et voleront ; si vous les croyez bons, ils seront l'amabilité même. »

Il me semble qu'une femme intelligente pourrait trouver dans cette petite fable le secret de l'influence qu'elle a le droit d'exercer sur son mari. Elle aura, non pas le pouvoir absurde de lui faire louer une voiture et de le plier à ses différents caprices, mais le pouvoir raisonnable et légitime de le rendre bon, sincère et constant, en proportion de la foi qu'elle aura en lui. Mais si elle venait à perdre cette foi, elle perdrait du même coup tout véritable contrôle sur ses sentiments.

Milton, se conformant à la tradition biblique, a dit qu'une bonne épouse est le dernier et le plus beau don que le ciel ait fait à l'homme.

Mais qu'est-ce qui constitue la bonne épouse ?

La pureté des pensées et des sentiments, la noblesse et la gaieté du caractère, la promptitude à pardonner, la patience, un sens élevé du devoir, un esprit cultivé, une grâce simple et naturelle. Elle doit savoir diriger son intérieur d'une main douce et ferme, comprendre et suivre avec un discret intérêt les occupations et les études de son mari. Elle a l'intelligence claire et droite, toute l'énergie qui n'exclut pas la délicatesse, et toute la douceur qui n'implique pas le manque d'énergie.

C'est une femme qui a défini la femme une œuvre de bonté et de grâce en un volume élégamment relié. Quel homme hésiterait, quand même il serait un peu coûteux, à s'en donner un exemplaire ?

CHAPITRE XXV

LES MARIS ONT AUSSI LEURS DEVOIRS

Un maquignon avait un cheval à vendre. Un amateur lui offrit une bouteille de champagne s'il voulait lui dire franchement les défauts de la bête. La bouteille bue : — « Je vous jure que ce cheval n'a que deux défauts, dit le maquignon. Quand il est au pré, il est malaisé à prendre ; et on ne peut pas s'en servir, une fois pris. »

Plus d'une pauvre femme pourrait en dire autant de son mari. Elle a, pour arriver au mariage, tressé bien des filets, car il était malaisé à prendre ; et une fois pris... il n'a pas voulu se rappeler que les femmes ne sont pas les seules qui aient des devoirs.

Il y a des hommes qui ne peuvent ni se passer de leur femme ni vivre avec elle. La béatitude de l'état de célibataire était pour eux un supplice, et dès qu'ils sont mariés, ils font de leur intérieur un enfer. Ils ressemblent à ce chien qui ne pouvait rester détaché, et qui hurlait dès qu'il était à la chaîne.

Pour un tel homme l'amour ne survit pas à la possession. La jeune fille à laquelle il faisait hier une cour fervente et assidue, n'est plus, dès le lendemain du mariage, qu'un objet de mépris. Il ne l'a pas plus tôt en son pouvoir qu'il la brutalise.

Malheur à la pauvre femme qui tombe en ces mains atroces. L'opinion publique, à défaut des lois, devrait mettre au ban le misérable et le noter d'infamie.

S'il est vrai qu'il y a moins de ménages bien ordonnés que de gens mariés, la faute en est aux maris aussi bien qu'aux femmes. Les bons fermiers font les bonnes cultures et les bons maris les bonnes femmes, dit la sagesse populaire. Michelet ne s'arrête pas là, il affirme nettement : « Toute folie de la femme est une sottise de l'homme. »

Je conseillais tout à l'heure aux femmes de ne pas se contenter de tendre des rets, mais de construire aussi des cages pour garder leur prise en sûreté. A quoi bon pourtant, si elles ne prennent que des oiseaux de basse nature, habitués à souiller leur nid ? Il faut donc, pour compléter le sujet, ajouter quelques mots sur la conduite qu'ont à tenir les oiseaux, une fois pris et encagés.

Tout d'abord l'oiseau doit chanter, et ne pas crier. Combien de femmes souffrent de l'absence d'un amour délicat et tendre ! Combien attendent douloureusement et vainement l'appréciation juste et bienveillante de leurs bontés et de leurs sacrifices ! Que de fois l'épouse se complaît à des témoignages de tendresse et d'amour, fleurissant la maison, la faisant chaude, charmante et confortable comme un nid d'oiseau, s'habillant avec une élégante recherche et illuminant son visage d'un sourire, pour ne recevoir en retour qu'une indifférence de pierre ou une insensibilité de brute !

C'est un peu le défaut de la nature humaine — de la masculine, tout au moins — de se plaire à critiquer et de ne jamais être content. Il semble que blâmer soit un plaisir, et qu'on goûte une jouissance intime à ne pas être satisfait.

— « Pourquoi es-tu si prodigue de reproches et si avare de louanges ? demandait une jeune femme à son mari. Je ne t'ai pas encore entendu dire : C'est bien, je suis content. » — Et le mari de répondre, avec une impatience qui n'excluait pas la naïveté : — « Quand je ne dis rien, c'est que c'est bien. Pourquoi veux-tu que je te loue quand tu ne fais que ce que tu dois faire ? »

Ce n'est pas que la plupart des maris n'aient une véritable affection pour leur femme. Mais ils négligent de la manifester dans le courant ordinaire de la vie, soit qu'ils trouvent la chose au-dessous d'eux, soit que, dans leur préoccupation d'eux-mêmes et de leurs affaires du dehors, ils n'y pensent réellement pas. Ils ne s'aperçoivent même pas que leur femme réclame quelque chose de plus que ce qu'ils lui donnent. Ils ne se doutent pas des petits et fragiles éléments dont se compose le bonheur féminin. Ou, s'ils s'en doutent, ils traitent de haut ces « niaiseries sentimentales », ces « fantaisies de névrosée, » et sous le prétexte de communiquer à leur compagne un peu de leur virile énergie, ils lui brisent tout bonnement le cœur.

C'est l'excès d'amour qui cause tous les malheurs de ce monde, disent les poètes et les chansons. A mon avis, c'est bien plutôt le défaut d'amour. « Le bien le plus précieux d'une femme est l'amour de son mari, » a dit autrefois Stobée. De notre temps, il est certain qu'entre mari et femme ce n'est pas moins d'amour qu'il faudrait, mais davantage ; pas moins de témoignages d'amour, pas moins de tendres paroles, de délicates attentions. Ce n'est pas assez pour une femme de se savoir, de se sentir aimée ; il faut qu'elle se l'entende dire souvent, toujours. Ce ne sera jamais pour elle à satiété. Aussi me fais-je un plaisir de répéter ces bonnes et chaudes paroles qu'on a lues dans *Monsieur, Madame et Bébé* :

« Vivent la franchise et la jeunesse ! Aimons-nous et rions à toute volée tandis que le printemps fleurit. Aimons nos bébés ; aimons-les, les amours, et embrassons nos femmes. Oui, cela et moral et sain ; le monde n'est pas un couvent humide, le mariage n'est point un tombeau. Honte à ceux qui n'y trouvent que tristesse, ennui et sommeil. Et ne voyez-vous point, que c'est la famille dont nous défendons la cause, que nous prêchons le bonheur de vivre, la joie d'être ensemble, cette bonne joie qui rend meilleur. »

La femme qui sympathise cordialement avec les difficultés que son mari a à vaincre dans ses affaires, a le droit d'attendre en retour que celui-ci se donne au moins la peine de comprendre les ennuis qu'elle a dans son ménage. Et ils sont en grand nombre, croyez-le, messieurs. Les notions les plus justes, l'expérience la plus consommée n'empêchent pas des obstacles inattendus de surgir. C'est toujours l'imprévu qui arrive, et il faut que la femme ceigne chaque jour ses reins pour faire face aux nécessités de l'heure présente et tâcher de faire de la maison, malgré tout, une demeure habitable et attrayante. C'est là un véritable, un sérieux travail, tout aussi pénible que peut l'être celui du mari.

Si les hommes comprenaient cela, ils seraient moins exigeants et plus modérés; ils n'oublieraient pas qu'un peu d'aide vaut mieux qu'une longue et sévère critique.

Que le mari ne soit pas trop imbu de l'idée de son autorité. Son amour disparaîtrait sous cette prétention d'être le maître quand même et en tout. Sa règle doit être la règle de la raison et de la bonté, non celle de la rigueur et du caprice. Il est la clef de voûte de l'édifice familial ; il n'est point la meule qui broie désirs et volontés.

Il arrive quelquefois que la personne qui devrait avoir le plus d'influence sur l'esprit de son mari, est celle qui en a le moins. Au lieu de prendre l'avis sincère et sensé de sa femme, on va demander conseil à des étrangers, qui se moquent de vous.

Outre la sottise d'une telle conduite, les

maux qu'elle peut engendrer dans le cercle domestique sont bien faits pour en détourner. Que de fois n'a-t-on pas vu des hommes, mal conseillés par de faux amis, courir à leur ruine, malgré les avertissements de leur femme qui avait devinés les trompeurs et pressait de rompre avec eux. Il y a chez la femme, et bien plus encore chez la femme qui aime, une intuition rapide, une pénétration, un don de pressentiment qui est presque une seconde vue, et qui donne une valeur particulière à ses avis. « Jamais homme, dit un vieil auteur (1), ne pourra dire avoir veu une famille reluire vertueusement entre l'obscurité des autres, si la prudence, le soin, et l'industrie de la femme ne sont comme guidons d'une telle entreprise. »

Un philosophe de jadis professait que la femme ne doit sortir de la maison que trois fois dans sa vie : pour son baptême, pour son mariage et pour son enterrement. Je sais des maris qui agissent comme s'ils étaient du même avis. Ils vont seuls à leurs plaisirs, sans se demander si la femme, qui partage leurs soucis, n'a pas le droit de partager leurs divertissements.

Toutes les femmes souffrent cruellement d'un tel égoïsme ; mais toutes ne le supportent pas en

(1) François Tellier.

silence. Beaucoup se plaignent, querellent, font des scènes, et enveniment le mal. Une, mieux avisée, fit, à ma connaissance, une campagne couronnée de succès. Son mari avait, peu après le mariage, repris régulièrement ses habitudes irrégulières de jeune homme : il vivait dehors, dépensait de grosses sommes au café et au jeu, et de temps en temps noyait sa raison dans les pots. Chaque fois que ses absences se prolongeaient, sa femme partait avec son enfant pour un petit voyage. Quand il avait bu plus que ne doit le faire un homme qui n'a pas soif, elle se faisait apporter une bouteille de champagne qu'elle feignait d'absorber toute seule. Elle le battit sur son propre terrain avec tant de suite et d'habileté qu'elle l'amena à résipiscence.

Les hommes qui vivent au club, ou restent longtemps hors de la maison sans y être forcés par leurs affaires, se soucient peu du bonheur domestique. S'ils sont heureux, ce n'est pas comme maris, mais malgré le mariage. Je ne veux pas scruter la nature et la solidité d'un tel bonheur ; mais il est certain que la femme est misérable et que c'est une déplorable école pour les enfants.

Les petits cadeaux entretiennent l'amitié ; ils prouvent aussi, sinon que le mari aime sa femme, du moins qu'il songe à elle et se plaît à lui faire plaisir. Ces petites attentions perpétuent l'élément romanesque qui ne doit jamais être totalement absent de la vie conjugale. Les dames y sont toujours fort sensibles. Plus elles avancent dans la vie, et plus elles aiment à se rappeler les jours de leur toute-puissance, avant le mariage, lorsqu'un regard d'elles mettait le désespoir ou le ravissement dans un cœur, lorsqu'il leur suffisait d'un mot pour envoyer un beau jeune homme à deux ou trois lieues leur cueillir un bouquet de violettes.

Faites donc de temps à autre des cadeaux à votre femme, de vrais cadeaux, qui, sans vous entrainer dans des dépenses exagérées, aient assez de valeur pour supposer de votre part un certain sacrifice, soient assez bien choisis pour lui faire monter aux joues la rougeur de la joie en lui prouvant que, depuis le jour où elle a vu que vous l'aimiez, votre amour n'a fait que grandir.

> Le temps est comme un filtre où nous passons la vie :
> Elle en sort plus limpide et calme chaque jour.
> Une année écoulée est d'une autre suivie ;
> Mais nous pouvons les voir s'éloigner sans envie:
> Elles emportent tout, excepté notre amour

Et rien de plus vrai: l'amour ne fait que grandir. Balzac, qu'on n'accusera pas de sentimentalisme en la matière, a dit avec un vigoureux bon sens :

« Il est aussi absurde de prétendre qu'il est impossible de toujours aimer la même femme qu'il peut l'être de dire qu'un artiste célèbre a besoin de plusieurs violons pour exécuter un morceau de musique et pour créer une mélodie enchanteresse.»

La nature humaine est la même chez les deux sexes : les maris sont tous portés à l'oublier. Puisque vous aimez à être choyés et gâtés, messieurs, choyez donc et gâtez un peu vos femmes. Vos caresses leur iront au cœur encore mieux que vos présents.

Sans doute, comme le dit G. Droz, « l'estime et l'amitié sont en ménage choses fort respectables et douces, comme le pain quotidien ; mais un peu de confitures sur la tartine ne gâterait rien avouez-le ? »

La reine Victoria a dit du prince Albert, son époux, qu'il fut pour elle « un mari, un père, un amant, un maître, un ami, un conseiller et un guide. » Voilà un éloquent résumé de ce que doit être tout mari pour sa femme.

CHAPITRE XXVI

LA SANTÉ DE LA FAMILLE

Sanitas, sanctitas. Santé, sainteté. La santé est la sainteté du corps, de même qu'une âme saine est une âme sainte. *Mens sana in corpore sano.*

A quoi bon répéter ici les lieux-communs sur la valeur de la santé comparée aux richesses? On les connaît, et tout le monde approuve le savetier quand il s'écrie :

Rendez-moi mes chansons et mon somme,
Et reprenez vos cent écus.

Dans le mariage il est bien difficile d'être vraiment heureux sans la santé. C'est plus qu'une imprudence de contracter mariage quand on est débile ou attaqué dans quelqu'une des sources vitales ; non seulement on impose à un autre une existence de chagrin et d'abnégation, mais on risque de mettre au monde :

Des malheureux de plus qui maudiront le jour.

On remarque qu'une des premières conditions pour réussir dans la vie est la vigueur physique. Me trouvera-t-on grossier ou, comme on dit poliment, naturaliste, si j'ajoute que c'est aussi un élément de haute importance dans le mariage ?

La beauté est pour beaucoup dans la puissance d'inspirer et de retenir l'amour. Et la santé n'est pas une condition de la beauté ? Je sais bien qu'on a inventé la beauté maladive ; mais c'est pour consoler ceux ou celles qui n'ont pas l'autre, la vraie beauté qui se porte bien. Le teint clair, les yeux riants, les formes souples et rondes, l'absence de rides et de contractions sur le visage, sont les résultats naturels d'une vigoureuse constitution.

La santé produit la bonne humeur, et l'on sait combien la bonne humeur est essentielle à la félicité conjugale. Une vieille dame que j'ai connue, avait coutume de dire qu'il faut prendre de temps en temps médecine, dans l'intérêt de ses amis. Elle pensait aux effets que la dyspepsie, la jaunisse, les congestions de foie et tant d'autres maladies moroses ont sur le caractère des gens.

« Ah ! disait un marchand de vêtements tout faits qui venait de laisser partir un client sans rien lui vendre ; ah ! sans ce maudit mal de tête, il ne serait sorti de chez moi qu'avec un complet neuf. Je le lui aurais fait endosser, de gré ou de force ! » — Il avait suffi d'un mal accidentel et passager pour déranger le délicat mécanisme grâce auquel cet habile vendeur forçait la main au client le plus dur à persuader.

Ah ! ces maux de tête, ces migraines, que de journées heureuses elles ont gâtées dans les ménages, aigrissant l'humeur, rendant impatient, faisant accueillir par des mots amers les plus délicates attentions ! L'homme malade est un rustre, a dit un savant doublé d'un humouriste. Et la femme malade une pie-grièche, pourrait-on, sauf l'irrévérence, ajouter.

Il y a d'ailleurs des exceptions. L'on a vu des femmes souffrir sans relâche pendant des maladies longues et cruelles, sans que l'égalité de leur humeur se démentît, sans que le sourire destiné à réconforter leur mari quittât leurs lèvres de martyres.

Le mari peut beaucoup alors. Sa sympathie, ses attentions affectueuses opèrent des miracles. C'est que ces marques de tendresse rendent la femme heureuse, et que le bonheur est, en bien des cas, le plus puissant des remèdes. Il accélère le cours du sang et facilite ainsi toutes les fonctions physiologiques. Tous les médecins le savent, et les médecins sérieux en tiennent grand compte. Je ne connais rien de plus touchant à ce sujet qu'une anecdote racontée par Michelet dans son livre de *l'Amour*. On ne m'en voudra pas de la rapporter tout au long.

Un physiologiste éminent, ami de Michelet, avait, « une femme laide, gracieuse, ignorante et charmante. Il avait trouvé le moyen de l'associer à ses idées, à ses recherches, à ses découvertes... Il lui vint une grande épreuve. Cette dame, par suite accidentelle d'une maladie de femme, devint folle et délira pendant une année ou deux. Il la garda près de lui, continua ses travaux au milieu d'une distraction et d'un tiraillement si cruel. Sa folie était assez douce, mais elle parlait beaucoup. Elle rêvait tout éveillée. Elle avait de vaines craintes. Elle mêlait des propos bizarres à toute conversation, permettait difficilement de suivre le fil d'une pensée. La patience de son mari ne se démentit jamais. Un jour je lui en témoignai mon admiration. Il me dit : Dans une maison de santé, où on la traiterait durement, où l'on ne supporterait pas ses petites incartades, elle deviendrait tout à fait folle, et ne se remettrait jamais. Mais, bien traitée, n'étant pas étonnée, effarouchée, ne voyant qu'un visage ami, n'entendant que des paroles bien suivies et de raison, elle guérira à la longue, sans autre remède. — Cela eut lieu en effet. »

Et le grand écrivain ajoute : « Je ne crois pas qu'on puisse citer un exemple plus remarquable d'affection. Les jeunes gens, aux premiers élans pour une jeune et jolie maîtresse, qui n'apporte que des roses, se croient bien avant dans l'amour. « Ils donneraient leur vie pour elle. » Je ne sais. La vie elle-même est souvent facile à donner, et c'est l'affaire d'un instant ; mais la douceur persévérante d'une patience à toute épreuve qui subit pendant des années le supplice de l'interruption, la force calme qui sans cesse rectifie, rassure, affermit une pauvre âme errante et malade, possédée de ces mauvais rêves, c'est peut-être la preuve d'amour la plus grande et la plus forte. »

C'est surtout pendant la grossesse que le mari doit être aux petits soins pour sa femme, l'entourer d'une vigilante tendresse, devancer ses désirs, calmer ses craintes et soutenir son espoir. Toute fatigue, toute émotion, à ce moment, peut déterminer pour le reste de la vie une faiblesse ou des maux incurables. Si le mari est soucieux du bonheur de son foyer, s'il veut s'éviter des remords éternels, il ne pourra trop soigner la santé de sa bien-aimée compagne pendant cette période. De son côté, elle a pour devoir strict de ne commettre aucune imprudence, et de veiller également sur ses actes et sur son imagination : la santé physique et intellectuelle de l'enfant attendu en dépend. Et quand il sera né, ne faut-il pas qu'elle ait la force nécessaire pour le nourrir de son lait, comme elle le doit ?

A notre époque, où la lutte pour l'existence se fait de plus en plus âpre et impitoyable, beaucoup d'hommes sont obligés, — ou du moins croient l'être, — de se surmener pour gagner de quoi faire vivre leur famille. Le fait est triste assurément. Mais il y en a d'autres qui se tuent de travail et de soucis pour amasser plus d'argent qu'ils n'en peuvent dépenser, ou pour saisir cette bulle de savon qu'on appelle la renommée et qui n'est pas même la gloire. N'avez-vous pas remarqué que ceux-là sont toujours revêches, mécontents, déplaisants à eux-mêmes comme aux autres. A force de courir après le bonheur, ils l'ont dépassé et ne peuvent plus atteindre que le vide et le dégoût.

On arrive au même résultat, il est vrai, en s'abandonnant à la nonchalance et à l'inaction. Que de personnes languissantes, pâles et faibles à pouvoir à peine se porter, que de névropathes et de malades de l'estomac se guériraient mieux en s'astreignant à un rude travail ou à des exercices violents, qu'en avalant des kilos de pilules et des litres de potions !

Notre santé dépend de notre volonté beaucoup plus qu'on ne le croit. Ni les eaux, ni l'exercice, ni l'air pur, ni le régime, ni les toniques ne relèveront un malade qui s'abandonne et ne réagit pas contre son mal.

Avant tout, tâchons d'être gais.

Pour ce que rire est le propre de l'homme,

comme l'a dit le grand rieur Rabelais.

J'avais remarqué autrefois, dans une ville d'eaux, une dame qui semblait vraiment sur le seuil de la tombe. Ses joues creuses et livides, son air distrait, sa démarche languissante, son front contracté par l'angoisse et la douleur, tout en elle inspirait une profonde pitié. Je la rencontrai de nouveau quelques années après, mais si brillante, si fraîche, si jeune, si exubérante de santé et de gaieté que je me demandai si c'était bien la même personne. Elle me reconnut, et je la priai de me dire le secret d'un si merveilleux changement. — « Le secret est simple, me dit-elle. J'ai cessé de me désoler et j'ai commencé de rire. Voilà tout. »

Qu'on me permette de signaler ici quelques préjugés fort répandus et qui peuvent amener les plus déplorables effets. Voici la liste de ces dangereuses erreurs : Se forcer à travailler quand on n'est pas convenablement disposé pour le faire. Croire que plus on mange, et plus on devient bien portant et vigoureux. Se coucher à minuit et se lever à l'aube, en s'imaginant que chaque heure prise au sommeil est une heure gagnée. Se figurer qu'un exercice très violent, ou prolongé trop longtemps, est meilleur qu'un travail ou un exercice modéré. Penser que la plus petite chambre est assez grande pour y coucher. Manger précipitamment, ou quand on n'a pas d'appétit, ou quand l'appétit est satisfait. Croire que les enfants peuvent travailler autant que les grandes personnes. et que plus ils étudient longtemps et plus ils apprennent. Abuser des stimulants, et surtout des liqueurs alcooliques, sous prétexte que leur effet est immédiat, sans se préoccuper des désordres qu'ils causent à la longue dans l'économie. Enlever une partie de ses vêtements lorsqu'on s'est échauffé. Dormir dans un courant d'air. Croire que les drogues des charlatans ou les spécialités pharmaceutiques sont des remèdes à tous les maux.

Peu de choses sont aussi importantes pour la santé que le judicieux mélange du travail et des divertissements. Une école où l'enfant de dix ans est astreint à autant d'heures d'étude que le garçon de seize, est une maison que tous les parents devraient fuir. Si l'on a souci de la santé de son enfant, il faut le traiter comme un petit poulain, le laisser le plus possible courir en liberté, et proportionner soigneusement les leçons aux progrès de son développement physique.

Ce n'est pas aux poulains que l'on met le licou.
Pour faire un vieillard sage, il faut un enfant fou.

Les mères sont quelquefois portées à droguer leurs enfants pour un oui ou pour un non. Pourtant, les médicaments sont rarement nécessaires, si ce n'est pour certains vices de constitution ou dans les maladies déclarées. Ce ne sont pas les drogues, c'est la conformité aux lois de la nature qui entretiendra chez les enfants la santé physique, intellectuelle et morale. La mère qui méprise ces lois travaille de ses mains au cercueil de son enfant.

Craignez les conseils des commères et croyez-en l'instinct de l'enfant. Il vous trompera moins que toutes ces personnes expérimentées qui perpétuent de génération en génération les préjugés et les sottises de l'ignorance ou de la superstition.

On raconte qu'un médecin célèbre s'étant attardé à un dîner, quelqu'un le plaisanta sur le peu d'empressement qu'il montrait à visiter ses malades. — « Oh ! répondit-il, qu'importe que je les voie aujourd'hui ou demain ? Tous les médecins du monde ne parviendraient pas à sauver les uns, ni à tuer les autres. »

On parvient souvent, par des soins inconsidésrés, à tuer les enfants.

Il est des personnes qui préfèrent souffrir toute ortes de maux et courir à une mort prématurée plutôt que de sacrifier certaines habitudes ou certains goûts. Que de goutteux et de rhumatisants qui ne consentiront jamais à se priver de mets épicés et de boissons fortes ! Que d'alcoolisés qui se savent voués au *delirium tremens,* et qui n'en boivent pas un verre de moins ! Que de débauchés qui, comme ils le disent eux-mêmes, la veulent « courte et bonne ! »

Un gourmand venait de mourir, jeune encore. Pour son épitaphe quelqu'un proposa ces mots : — « Il dînait longuement. » — « Et mourut vite, » ajouta un autre.

Qu'on n'oublie pas que jouer avec sa santé c'est

commettre une faute et souvent un crime. Ne sait-on pas que nos maux se transmettent à nos descendants, et que celuiqui s'empoisonne plus ou moins lentement par la débauche, verse le même poison à toute une suite de générations ?

Sans regarder si loin, c'est envers soi-même un devoir étroit de conserver sa santé ; le devoir est plus impérieux encore vis-à-vis de la famille, d'où le bonheur s'enfuit dès que la maladie y entre.

Hélas ! elle entre toujours, tôt ou tard, qu'on l'appelle ou qu'on la repousse, cette vilaine hôtesse. Qu'on sache alors la supporter noblement, le cœur fort et l'esprit allègre, pour ne pas trop faire souffrir de nos maux ceux qui nous sont chers.

Mais peut-être reculera-t-on indéfiniment l'heure de l'épreuve en se conformant à ces quatre préceptes : Garder la tête froide ; se tenir les pieds chauds ; ne prendre le soir qu'un repas léger, et se lever matin.

CHAPITRE XXVII

L'AMOUR SURVIT AU MARIAGE ET NE FINIT QU'AVEC LES ÉPOUX

Je n'ai plus rien à écrire.

Le titre de ce chapitre est la conclusion de tout le livre, comme tout le livre en est le développement.

FIN

TABLE

FIN DE LA TABLE

SAINT-QUENTIN. — IMPRIMERIE J. MOUREAU ET FILS.

www.ingramcontent.com/pod-product-compliance
Ingram Content Group UK Ltd.
Pitfield, Milton Keynes, MK11 3LW, UK
UKHW012019240726
13965UKWH00002B/463

9 782013 341264